虚拟团队领导力

虚拟团队工作的实用策略

〔英〕彭妮·普兰（Penny Pullan）著　沈小滨　王二乐　乔锐　译　沈小滨　审校

Virtual Leadership

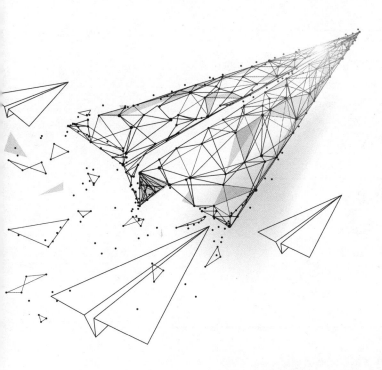

中国电力出版社
CHINA ELECTRIC POWER PRESS

版权贸易合同登记号　图字：01-2019-7475

图书在版编目（CIP）数据

虚拟团队领导力 /（英）彭妮·普兰（Penny Pullan）著. —北京：中国电力出版社，2020.10
书名原文：Virtual Leadership
ISBN 978-7-5198-4900-9

Ⅰ．①虚… Ⅱ．①彭… Ⅲ．①企业管理－组织管理学－研究 Ⅳ．① F272.9

中国版本图书馆 CIP 数据核字（2020）第 164539 号

出版发行：中国电力出版社
地　　址：北京市东城区北京站西街 19 号（邮政编码 100005）
网　　址：http://www. cepp. sgcc. com.cn
责任编辑：李　静（1103194425@qq.com）
责任校对：王小鹏
装帧设计：九五互通　知行兆远
责任印制：钱兴根

印　刷：三河市百盛印装有限公司
版　次：2020 年 10 月第一版
印　次：2020 年 10 月北京第一次印刷
开　本：710 毫米 ×1000 毫米　16 开本
印　张：21
字　数：212 千字
定　价：88.00 元

赞　誉

我很高兴彭妮写了这本书，它不仅分享了她的经验，同时也鼓励更多的人参与到虚拟团队的工作中。回忆初识彭妮的时候，我正在与三家跨国公司合作，每天有一半的时间（多数为清晨和深夜）都在和同事们开电话会议，彭妮教会了我很多如何将电话会议变成真正成功的会议的方法，阅读这本书让我仿佛昨日重现。彭妮是一位不折不扣的沟通达人，连超级复杂的话题，她都能以一种清晰和简单的方式进行沟通。我将这本书推荐给每个需要在"同一时间，不同地点"状态下工作的人——我深信，按照彭妮的建议进行实践，一定会提高你的工作质量。

鲁思·默里-韦伯斯特博士（Dr Ruth Murray-Webster），英国联合港口有限公司（Associated British Ports Ltd. UK）变革项目组合总监

彭妮完成了一项伟大的工作，这本书涵盖了你需要掌握的每一个管理虚拟团队的要素。我管理虚拟团队超过20年了，我自认为已经知道了一切，但事实上并非如此，相信你读后也会有所收获。

皮特·班尼特（Pete Bennett），英国Buzz Conferencing公司创始人

彭妮的这本新书可以作为个人领导力教练手册。本书将帮助你避免陷入糟糕的电话会议，快速提升虚拟团队的工作效率。有针对性地深入研究虚拟团队所面临的问题，并提供解决方案。我把本书强烈推

荐给团队主管、项目经理和那些身处虚拟团队工作模式的人——无论你是否承担领导职责。

伊丽莎白·哈林（Elizabeth Harrin），英国商业变革经理，《项目经理的协作工具》（*Collaboration tools for project Managers*）作者

我第一次接触虚拟团队的时候，并未料到还需要考虑如此多的相关因素，只能通过自己的反复实践和经验教训进行学习。通过阅读本书，我们将节省大量的时间和精力，即使已经有多年虚拟团队实践经验，我仍然可以从本书找到帮助我继续前行的、众多睿智的想法和实用的技巧。我希望本书能成为经典。它绝对会成为我的藏书，这样我就可以把它借给新手学习，或者作为自己的速检手册，用来解决因跨多个时区工作的、复杂的虚拟团队的问题。

艾玛·兰曼（Emma Langman），科威特塔兰特国际零售业负责人

我在一个全球性组织中任职，每天我都需要更好的虚拟团队领导力支撑自己，带领远程团队前行，以实现我们共同的目标。彭妮·普兰博士以敏锐的洞察力、隽永的灵感和实用的指导工具为我们提供了全方位的支持和帮助。本书涵盖了时间、语言、文化和代际沟通等各个方面的问题，如此多的影响因素，使领导虚拟团队成为一项复杂而艰巨的任务。本书为在虚拟世界中不断努力工作的我们，规划了一条成功之路。

彼得·泰勒（Peter Taylor），克罗诺斯全球PMO负责人，畅销书《懒惰的项目经理》（*The Lazy Project Manager*）作者

普兰博士通过深入研究虚拟团队的世界，为21世纪的管理者建立了基线。虚拟团队在工作地点和工作时间上非常灵活，即使他们是精英，能够为客户提供7天×24小时的服务，也需具备有效的虚拟团队领导力，才能应对挑战。普兰博士为虚拟团队工作的收益构建了一个管理者可信任的情境。无论你身处虚拟工作方式还是传统工作方式，本书都值得每位主管、项目经理和高级管理层阅读。为你的领导团队成员每人送一本书吧。

汤姆·怀斯（Tom Wise），质量总监，大学客座教授，《虚拟团队中的信任》（*Trust in Virtual Teams*）作者，美国（USA）

作为一名过去20年都在虚拟团队工作的人，我太喜欢这本书了！彭妮在书中创造性地把握住了虚拟团队领导力的弱点、窍门和成功秘诀。

埃迪·奥本（Eddie Obeng），教授，演讲家，创新者和作家，五芒星虚拟商学院学习发展总监，亨利商学院创业与创新教授

本书将指引你成为既高效又有影响力的虚拟团队领导者。无论你的团队成员身处何地，彭妮·普兰围绕虚拟团队的创建、培养与合作，清晰地阐述了相关要点。本书揭示了领导者心态，技术应用和虚拟会议的重要性，并为我们管理虚拟团队，特别是在开会和具体解决每个虚拟团队成员面临的复杂问题和陷阱方面，规划了一条可行的路径。在整个过程中，作者明示了一个关于虚拟团队经常被忽视的真理：人比技术更重要！别再为虚拟团队而苦苦挣扎，运用和实践这本书中的技巧，促成自己的转变吧。

雷切尔·史密斯（Rachel Smith），格鲁夫国际咨询公司数字化引导服务总监

在人们对虚拟团队领导力的重视程度不断增长的今天，大量真实案例和实用技巧使本书成为杰出之作。彭妮是一位颇具魅力的作家，针对如此复杂并令人困惑的话题，慷慨地分享了自己的深邃智慧和宝贵经验。即使那些虚拟团队领导力的专家，在读过这本经典之作后，也会获益良多。我强烈推荐本书给所有希望掌握虚拟团队领导力艺术和科学的人。你会感谢我的！

南希·塞特尔-墨菲（Nancy Settle-Murphy），《有效领导虚拟团队》（*Leading Effective Virtual Teams*）作者

本书为在现代组织中工作的人所写，特别是当团队成员第一次接触虚拟工作环境时，以及那些期望组织更高效、更团结的企业领导者。普兰博士在团队沟通、在线协作、虚拟团队技术和工具方面为组织提供了详细、有效的指导。这些指导不仅能最大限度地帮助用户提高工作效能，还能避免因为"时时刻刻"在线而减少对个人生活的干扰。

约翰·格林伍德（John Greenwood），CPhys MinstP PMP，区域风险管理负责人，CsC，英国

彭妮在这本书中提供了非常完整的虚拟团队陷阱列表，使人们能够更好地规避问题。在远程团队被各种惨状淹没之前，彭妮提供了360度的指导意见，帮助人们将工作重回正轨。彭妮通过不断积累自己的生活和工作经验，以及对现实工作的广泛调研，以大量的文献研究为基础写就此书。她必将激励人们唤醒自己内在的虚拟团队领导力，让相隔万里的人们团结一致，从此过上幸福生活。

简·宾德（Jean Binder），《全球项目管理》（*Global Project Management*）作者

我参加过好几次彭妮组织的虚拟峰会，并在其中一次会议上演讲。我很激动，她终于在这个重要的问题上著书立说了。这是本很全面的手册，供虚拟团队成员使用。本书不仅是对前沿技术的洞察，更是一本详尽的实用指南，涉及团队建设、管理会议、融入多元文化和生活方式等。对今天的领导者来说，这是必不可少的。

> 格雷姆·科德林顿（Graeme Codrington），明天今天（Tomorrow Today）咨询机构CEO，未来学家和未来工作专家，南非

在日益全球化的时代，虚拟团队工作对众多组织来说，包括我自己负责的项目、项目群和变革，都是一个非常现实的挑战。无论是每周7天、每天24小时的全球经济，还是没有固定办公室的移动办公模式，都意味着我们必须找到与过去不同却行之有效的工作方式。当我们无法与客户和团队面对面的时候，我们需要找到一个最佳合作方式，并建立牢固的关系，让客户和团队都充满信心并相互信任。本书有助于解决这些问题。彭妮用一种引人入胜、直截了当的方式提供了解决方法，涵盖了虚拟工作和虚拟团队领导力的众多内容。我推荐那些正在努力应对虚拟团队复杂性的个人和组织阅读这本书。

> 萨拉·科尔曼（Sarah Coleman），项目、项目群与变革管理顾问和教育家，《项目领导力》（*Project Leadership*）作者

译者序

2020年注定是不平凡的一年。自鼠年春节以来，新型冠状病毒还在发展中，官方的告诫是尽量不要出门。我坐在家里为《虚拟团队领导力》一书翻译和写序。

说来也巧，本书的作者彭妮博士，是在"9·11"事件中开始她的虚拟团队工作的，她当时还在著名的玛仕公司工作，正与美国的同事合作一个大型的项目。在中国，一个叫刘强东的人，在SARS病毒出现期间，因为中关村海龙电子商城停业，他的团队被迫在BBS上发帖，发现竟然可以出售商品，卖出视频卡。过去，他们从来没有这样想过。SARS过后，刘强东做出了京东最重要的一个转型，关掉实体店，专做线上业务，成就了今天京东的霸主地位。但这都不是虚拟团队工作模式的必然。

我们生活在一个无论工作还是社会都在快速变化的世界中。技术正在改变我们的生存方式，新的工作与生活方式正在不断诞生。大量的信息与工具可以为我们所利用，这是前所未有的事情。具有更扁平结构的新型公司正在快速发展，产品与项目制正在取代传统的职能型组织。随着互联网成长的新一代不断加入劳动力的大军，社会正在发生巨大的变化，而且远远超过我们的想象。新一代的年轻人，无法想象生活在一个没有智能手机和移动数据的世界。我们正处于一个VUCA[Volatility（易变性）、Uncertainty（不确定性）、Complexity

（复杂性）、Ambiguity（模糊性）的缩写]时代，领导力比以往任何时候都变得更加重要，也更加复杂。变化还会越来越快，变化还会越来越难以琢磨。应对新时代的变化，过去的经历、过去的经验变得越来越不再有效了。我们该怎么办？我们只有进一步开放国门，开放心胸，向全世界学习，在创新中发展。

这是最好的时代，也是最坏的时代。这个世界正变得越来越多样化，越来越需要多样化的人才，越来越需要虚拟化的团队，这是互联网技术的发展，创新的经济和全球化进步的必然。5G时代的来临，作者彭妮曾经担心的互联网的语音质量和视频的延迟与清晰问题已不复存在，虚拟团队工作的天空更加开阔了。

中国公司正按照"一带一路"倡议，一个一个走出国门，走向世界，在美国、欧洲、非洲、拉美、印度，无处不见。如何领导一个新型的组织和新型的团队？团队成员身处世界各地，来自不同的国家，讲着不同的语言，有着不同的时差，显然这是一项前所未有的挑战。华为也好，中兴也好，包括各行各业的中小公司，无不面临虚拟团队工作的问题与挑战。

即使在国内，稍微大一点的公司，也都在北京、上海、深圳、广州等地拥有办公室。老板可能在北京，也可能在上海，很多的项目也好，一个团队会议也好，其实都是要通过线上互动来完成的。如何管理好这样的团队，也需要重新定义虚拟团队领导力。

对"虚拟"一词，人们并不熟悉，对虚拟团队和虚拟团队领导力，更是知之甚少，但人们的实践却走在了前面。在本书中，虚拟团队指的是，团队成员不在一起办公，不能面对面一起工作，只能通过线上电话和网络进行合作的项目团队。这是一种新型的组织形式，项目人才可以来自全世界的任何一个角落，真正实现企业家心中的那个梦想，人才可以不为我所有，但人才却可以为我所用。今天这个时代来临了。

如何领导好一个虚拟团队，做好一个虚拟团队的项目，成为今天越来越多公司的一种迫切需要。

世界在变，你也得变！如果你还习惯用过去的领导力方式，用命令和控制的方法，试图领导一个虚拟项目团队，那一定是会失败的。因为团队变了，团队的人你看不见了，团队不在一起办公，甚至办公的时间都不相同，更别说语言和文化的差异了。对于虚拟团队的管理，你必须学习和使用一套全新的方式，创建一套你从来不知道的规则，通过引导、教练和激发的方式，领导世界各地的团队成员。

《虚拟团队领导力》一书，正是恰逢其时、适时而生的一部扛鼎之作。它得到了来自世界各地的赞誉，《示人以真的领导者》一书的作者，著名的作家大卫·泰勒（David Taylor）赞美说，这本书是虚拟团队领导力领域的"圣经"。

我也很喜欢这本书，这本书的价值至少体现在如下几个主要方面。

第一，这是第一本全面、系统地论述虚拟团队的特征、面临的问题与挑战，并提出了一套行之有效的系统解决方案的专题著作。

第二，构建了一个虚拟团队的领导力模型，清晰而且非常具象地阐述了一名虚拟团队的领导者，应该具备什么样的心态、行为与能力。

第三，详细、专业地介绍了虚拟团队的一些常用技术工具与方法。

第四，提出了一些新思想、新概念，如虚拟身份问题。

第五，作者本人是虚拟团队的领导者，具有丰富的虚拟团队的领导经验，给出了许多实际的案例和实用的技巧，可以学之即来，来之即用。

几年来，我翻译和写作了十多本领导力方面的专业书籍，包括

《战略领导力》《变革领导力》《转型领导力》《绩效领导力》《项目管理中的领导力》和《销售领导力》等。这本《虚拟团队领导力》独具魅力，在领导力的细分专业领域，又有了一点新的贡献。

本书的翻译也是一个虚拟团队。王二乐、乔锐和我三人，共同完成了本书的翻译工作。我们在翻译的过程中，没有见过面，平时都是通过电话、邮件和微信进行沟通。我翻译了第1~3章，并负责对全书做了统校；王二乐翻译了第4~6章；乔锐翻译了第7~9章，以及赞誉、引言等其他部分。我们三人的合作，确实是靠共同的愿景驱动的。我们的共同愿望是，在这本书出版以后，可以把书中的内容变成一门独特的品牌课程，为我们的客户提供一个独一无二的新产品与新服务，为虚拟团队领导力这个全新领域，添一块砖，铺一片瓦。

翻译绝不是一件简单的工作，其中付出的心血，只有译者本人深有体会。由于时间有限，水平有限，其中一定有不少错误。如果您发现了，请告诉我们，以便我们及时修改，更好地服务于读者与客户。我的邮箱是robin@beijingonline.com.cn。

让我们一起拥抱这个伟大的时代，一个全新的虚拟时代，时空由此变得不同。未来已来，让我们一起共创虚拟团队领导力！

沈小滨

北京知行韬略管理咨询有限责任公司创始人，首席管理顾问

2020年1月24日春节于北京

推荐序

感谢彭妮！

这是万众期待的一本书。今天，每个人，无论身处何地，都被社交媒体和全球网络紧密相连。在这样的情境下，虚拟团队正在成为一种常态，因此本书的面世恰逢其时。

坐地日行八万里，巡天遥看一千河。书中除了向我们介绍了可以应用于各行各业的虚拟团队工作技术外，更向我们展示了一种全新的工作方式，即我们无须改变彼此身隔万里的现状，也能汇聚在一起进行合作，去达成我们的共同目标。本书"谈虚却不务虚"！彭妮在书中不做理论说教，而是鼓励和激发我们立刻实践。我非常喜欢彭妮书中展现出的化繁为简与深入浅出，更赞赏她引导我们学以致用、知行合一。

经常被人邀请为新书作序，这对我来说是件幸事，我想这次我欣然接受为本书作序，是出于以下3个原因。

（1）本书将成为虚拟团队领导力领域的圣经。

（2）我知道我会提前阅读一遍！

（3）我非常欣赏彭妮。几年前，我曾注视着她的眼睛对她说："写本书吧。"她照做了，而且已经写了3本！

亲爱的读者，如果我是你，推荐序读到此处就可以了，我会急不可待地去读彭妮写的内容。我向你保证，你的虚拟团队在合作关系、协作一致和相互信任方面，将会发生永远的改变。

大卫·泰勒（David Taylor）

"示人以真的领导者"（The Naked Leader Series）系列丛书作者

关于作者

彭妮·普兰博士

彭妮成为虚拟团队领导者的经历源自一次意外事件。2001年9月13日，她本该飞往纽约，现场启动一个全球性项目群，但那次却未能如期成行。因为"9·11"事件，彭妮和她的全球项目团队被禁足了几个月，致使项目停滞不前。她必须找到另一种方式，通过虚拟团队的方式进行工作。后来的进展非常顺利，她开始喜欢上了这种新的工作方式。从那时起，她开始着力发展自己的虚拟团队领导力。在一些棘手的项目上，她还会帮助其他同事提升虚拟团队领导力，起初是在玛仕（Mars）公司内部，直到2007年她创立了自己的公司（Making Projects Work Ltd.），并担任这家公司的咨询总监。

彭妮的主要工作是通过虚拟团队领导力的方式，支持和帮助那些正陷于泥潭之中还在项目中挣扎的人，这类项目具备以下4个方面的特点。

- 团队成员遍布世界各地。
- 相关方多元化，但需要了解和参与项目的工作。
- 项目需求复杂、模糊不清并且不断变更。
- 高风险。

基于这些环境情况下的虚拟团队项目的需求，彭妮提供了一套方法论，帮助人们如何清晰目标，建立自信并运用强有力的沟通方式，让人们工作更高效，项目更成功，同时在工作中还能拥有更多的快乐。除了定期为专业协会和组织做演讲嘉宾，彭妮每年都会举办两次虚拟团队工作大会，大家可以免费参加。它们分别是：虚拟团队工作峰会（www.virtualworkingsummit.com）和商业分析峰会（www.basummit.com），已经有来自世界各地的数以千计的人参加了这两个大会。

彭妮的著作包括：《商业分析与领导力：影响变革》（*Business Analysis and Leadership: Influencing change*）（Kogan Page，2013），与鲁思·默里-韦伯斯特合著的《提升风险管理的简要指南》（*A Short Guide to Facilitating Risk Management*）（Gower，2011）。她还为《高尔公司的项目管理人员手册》（*The Gower Handbook of People in Project Management*）（Gower，2013）撰写了关于虚拟项目团队的章节。

彭妮在剑桥大学取得了博士学位，她具有引导师专业认证和多个商业分析、项目和项目群管理方面的专业资质，而且她还是一位特许工程师。

作者联系方式：

penny@makingprojectswork.co.uk

致　谢

没有众多朋友们的支持与协作，这本书是无法完成的，他们是：

- 我在玛仕（Mars）公司的前同事们，我从那时开始接触虚拟团队，尤其是布赖恩（Brian）和EBC团队的所有成员。

- 南希·塞特尔-墨菲是我的第一位虚拟团队工作导师，给予了我很多支持，现在她是我的挚友。

- 在过去20年里，所有支持我、引导我成长的人。

- 虚拟辅导小组成员是我的"杰出外援"，他们向我展示了虚拟团队的强大力量。

- 所有在我的虚拟团队工作和商业分析大会上演讲的嘉宾，2010年以来的大会上，他们分享知识，拓展我们的视野。

- 这些年来，有数以千计的人参加了我主办的虚拟峰会，感谢他们那有趣、精彩的问题和互动。

- 所有与我合作发展变革领导力的客户们，我们使用项目技术、业务分析、虚拟工作、图形化工具和各种方式进行深入沟通与协作，以及那些通常和我一起用虚拟工作方式运作专业协会的人，尤其是苏西（Suzie）和默维（Merv）二位才俊。

感谢所有帮助我完成虚拟工作挑战调查的人。其中许多人对本书中的故事和案例研究做出了贡献，他们是（仅使用名字）：
Amadea, Andrew, Brian, Carol, Carl, Charlotte, Chris, Cydne, Daniel,

Eddie, Elizabeth, Emma, Evi, Ganesh, Gary, Graeme, Ian, James, Janet, Jim, Joanna, John, Judy, Julia, Karl, Laura, Lisa, Liz, Mark, Mauva, Michael, Pete, Rachel, Richard, Sarah, Simon, Tammy, Terrie, Thyra, Tomás, Tricia 和 Zoe。

非常感谢所有其他的匿名贡献者!

许多朋友和同事分享他们的头像来创建虚拟地图。感谢你们：Clare, Cydne, Donnie, Gary, Emma, Liz, Mauva, Melissa, Nancy, Richard, Stephen 和 Steve。

感谢格鲁夫（Grove）国际咨询公司的顾问，特别是博比（Bobby）和帕尔迪尼（Pardini）给予我使用德雷克斯勒/西贝特（Drexler/Sibbet）团队模型的权限。

还要感谢那些为本书写作提供帮助的人，包括：Priya E. Abraham, Eddie Obeng, Grace Marshall, Pete Bennett, Sarah Fitton, Nancy Settle-Murphy, Elizabeth Harrin 和 Rachel Smith。

感谢所有支持我写书的朋友，特别是那些和我一起写作和/或共同编辑的人，尤其是鲁思·默里-韦伯斯特（Ruth Murray-Webster）和詹姆斯·阿彻尔（James Archer）；大卫·泰勒给了我写作这本书的最初灵感，并为本书撰写了推荐序；珍·克里斯蒂（Jen Christie）润色了文字；Kogan Page出版公司的詹妮弗·霍尔（Jennifer Hall）再次润色了本书，并同意出版。感谢我的编辑安娜·莫斯（Anna Moss）和艾米·明舒尔（Amy Minshull）在整个写作过程中的支持，还有大卫·克罗斯比（David Crosby）、艾玛·佩特菲尔德（Emma Petfield）和所有在Kogan Page出版公司工作的人，他们将这些堆砌的文字变成了亮眼的一本书。

我还要感谢那些帮助我校对书稿和整理参考文献的朋友们,他们的帮助和他们对书稿的字斟句酌,都极大地提高了本书的阅读感。

和以往一样,我要感谢家人对我的支持。马尔科姆(Malcolm)把家打理得井井有条,弹奏着巴赫的风琴曲,陪伴着我写作。凯瑟琳(Kathleen)和夏洛特(Charlotte)向我展示了年轻一代不仅仅是数字土著,还将虚拟连接和交流视为第二天性。

最后,我想把这本书献给那个一直支持我的人,即使他和大多数他的同龄人一样,对虚拟团队工作模式知之甚少。我要把这本书献给我的父亲休·厄里(Hugh Urry)。

目 录

第3章　与他人在线合作

第6章　会议之外的虚拟团队工作

第7章　虚拟团队的复杂性：时区、语言、文化和代际

第8章　跨越潜在的陷阱

第9章　发挥你的虚拟团队领导力

引 言

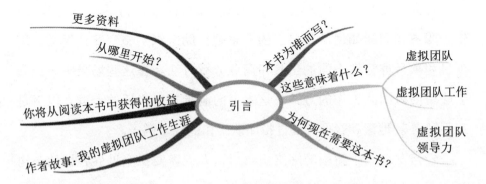

图0-1 引言的思维导图

本书为谁而写?

你会和无法面对面在一起的人合作吗?一方面,他们可能在不同的地方、很遥远的地方,并且从未见过面;另一方面,他们可能只是在家办公,为你工作一两天。你也许是一个或几个长期虚拟团队的成员。当你远程和其他人合作时,人们可能觉得他和你不是一个团队的,彼此不过是偶尔在一起工作几天罢了。

也许你自己正领导着一个虚拟团队,或管理身处虚拟工作模式中的其他人。即使你不认为自己是虚拟团队的一名领导者,但是你能够通过自己的虚拟团队领导力,对虚拟工作的质量产生持久的影响。

你是否想与全世界的人,或者与你所在地区的人通力合作?你想知道如何战胜虚拟团队的挑战和挫折吗?你是否希望通过你和同事的虚拟团队，为你的组织带来真正持久的收益?如果答案是肯定的，那本书正是为你而写的。

本书为想要学习虚拟团队领导力方法和技能的朋友提供帮助，帮助他们提升虚拟团队工作的经验，在虚拟团队和其他远程小组工作中获得更好的项目成果。

这本书是为那些工作于虚拟团队中的人们所写，无论他们的职位、职务和职能如何。我自己的背景是帮助组织实施变革，经常运用项目和项目群管理方面的工具和商业分析方法。在这些场景中，经常会应用虚拟团队工作的方式。这本书的洞见来自广泛的人群。以下是在不同国家/地区和行业开展虚拟团队工作的几个例子。

- 当发现一个新型的网络病毒后，人们需要在全世界各地的公司和办公室里，部署一个稳定的、经过测试的最新防病毒软件。
- 瑞士的精算师和苏黎世的分析师，与远在布拉迪斯拉发（斯洛伐克的首都）和印度的IT专家及世界各地的营销团队，合作开发新的保险产品。
- 位于伦敦的服务中心工作人员负责接听某跨国公司与计算机相关的咨询维修电话，他们下班后，将未完成的工作移交给旧金山的同事继续完成。
- 一家跨国制药公司内部的团队，在全球多地方共同推出一种新的抗癌药物。
- 在纽约办公室工作的员工，到办公室可以使用共享办公桌，也可以经常在家工作，但无论在哪里，他们每天都要与其他同事协同工作。
- 企业家们希望为新创公司招聘最优秀的人才，无论他们身在何处。

- 医生通过视频或电话，直接对患者进行问诊。
- 神职人员与无法现场参加传统周日礼拜的人一起祈祷。
- 求职者申请其他地点的工作，他们需要通过视频电话接受面试。
- 呼叫中心的工作人员为他们从未谋面的人回答问题和解决问题，这些人可能来自不同的大洲。
- 小企业选择与世界各地的虚拟助理（远程助理）合作。
- 没有面对面的机会，但世界各地的学生团体却可以与顶尖的教授们一起学习。
- 孩子们假期在家完成老师每天通过网络布置的作业。

本书的内容无论在私营组织、公共组织还是非政府组织中都是适用的。无论你是为了开展休闲活动或是教育活动，还是为了完成工作任务需要与他人进行跨地域协作，本书的内容对你都是非常有用的。

本书还可以帮助各类组织内部和外部的人员开发领导力项目。攻读MBA及商科硕士研究生的学生，可以将其作为领导力和国际化管理课程的参考书。人力资源和学习发展专家们也会发现本书的可用之处，因为他们同样面临着挑战，如何在灵活的工作环境中获得期望的商业结果。

基于来自世界各地数以百计人的输入和我的经验，衷心希望你能在本书中获益良多。

虚拟团队、虚拟团队工作和虚拟团队领导力意味着什么？

关于"虚拟"（virtual）一词，有一点需要强调的是，几个世纪以来，一直有不同的含义，它指的是：几乎或差不多，但还不够完整。这种定义显然不适用于虚拟团队、虚拟团队工作和虚拟团队领导力中的"虚拟"，这里的"虚拟"却都是非常"真实的"。

在本书中，当我谈到虚拟团队工作时，指的是分布在不同地理位置的人们一起做一件共同的工作。团队中至少有一个人与其他人不在同一地点，但他们需要一起合作。虚拟团队得到通信技术的支持，这种支持可以帮助相隔很远的人们连接起来。

虚拟团队就是用这种方式工作的团队，其中一个或多个团队成员与其他团队成员不在同一地区，虚拟团队是在网络上共同工作的真正团队。

虚拟团队领导力绝不仅仅是如何使用适当的通信技术。虚拟团队领导力指的是如何吸引远程的团队成员更好地参与项目和交付项目成果。虚拟团队领导力是要让虚拟团队成员为了一个共同的愿景而努力奋斗的艺术。

为何现在需要这本书?

为什么现在需要这本书？我们生活在一个越来越虚拟化的世界里，而且这个趋势在全球范围内越来越猛。

- 协作技术的数量和质量都出现爆炸式增长。协作的技术和手段比以往任何时候都便宜，世界范围内上网的机会也越来越多。

- 我们的社会迅速变化，人们不仅为了工作，而且为了各种个人用途而使用网络技术。（我的孩子放学后通过一个App应用程序，和他们的同学"聊天"，而我却不得不亲自跑去参加面对面的校友会，或者花大量时间与我父母打固定电话保持联系！）

- 21世纪初的工作外包是对虚拟团队发展的一个强有力的推动。

许多公司与印度等国的供应商建立了伙伴关系，或在海外发展自己的分支机构，通常被称为离岸外包。这项外包工作现在已经从回答客户的电话垂询，发展到了设计和开发新的IT解决方案。

- 运作全球项目的公司可以汇集世界各地最优秀的人才，其中可能包括自由职业者和合作公司，以及他们自己的雇员。

- 在家办公或远程办公变得越来越普遍，这种模式下，人们不用每天花几个小时往返于他们的家与办公室之间；他们可以在家办公，或者选择离家最近的办公中心去工作。

- 在2008年以来的全球经济衰退中，成本控制越来越严格。公司大量减少了差旅预算，以便节省相关的费用和减少麻烦（如倒时差）。众所周知，费时又费力的差旅，会对员工工作与生活的平衡产生负面影响。

- 其他因素也在影响着差旅，如油价波动、流行病威胁、火山爆发和减少碳排放。

- 此外，虚拟团队可汇聚世界各地最优秀的人一起工作。如果这个工作需要全天候（round-the-clock）完成，我们有可能通过世界各地的团队的"日不落"（follow-the-sun）接力方式来实现这一目标。

这个新世界的问题在于，许多面对面的工作并不能在虚拟环境中直接转换。后面的章节将探讨这一点，但以下是可能发生的情况。

- 对技术的关注非常多，但即便如此，技术也不总能发挥作用，这会让每个参与者都感到烦恼。

- 有些人会喜欢使用视频，而另一些人会讨厌它，并尽量避免使用它。

- 领导者和团队因误解而感到沮丧，有些和语言有关，有些和文化有关，有些则和团队成员身处不同地点和不同年龄层有关。

- 人们会发现，与走到同事身边交流相比，用书面形式与同事交流，需要花费更多的时间。

- 由于时差，安排直播会议可能很困难。一旦会议举行，有很多需要讨论的议题，会议可能持续很长一段时间，但效果却随着时间的进行而递减。因为人们会因多任务处理和其他的一些事情而分心。

- 工作会以电子邮件形式结束，不同版本的文档保留在不同参与者的收件箱中，由于邮件过长，关键信息可能会隐藏在邮件中而没有被重视。

- 虚拟团队领导者给队员布置工作任务后，随着时间的推移，他们可能会逐渐脱离工作，越来越多地关注其他项目，通常是他们与当地同事共同进行的项目会获得更多关注。

- 人们可能会感到信息泛滥，尤其是书面形式的信息。

- 团队成员可能会感到压力，自己必须在常规办公时间以外，还要与远程同事互动。

- 人们很难感受到自己是虚拟团队中的一员。

- 如果冲突正在酝酿，在虚拟团队中，它不会立即显现，但很可能在造成很大损害后才浮出水面。

本书将帮你在进行虚拟团队工作时，把面对面工作模式中的成功经验融入其中，发挥作用。

过去10年，有不少关于虚拟团队的优秀书籍陆续面世。这些书籍对于那些单一的长期项目，有时间慢慢组建的项目虚拟团队中的人来说非常有帮助，甚至对面对面的团队工作模式也有帮助。不过现在，虚拟团队成员不止负责一个项目，有可能需要负责临时紧急项目，同时也需要负责长期项目。人们可能以专家身份临时加入某个虚拟团队，但并不认为自己是虚拟团队的一员。本书涵盖了虚拟团队的所有形式，并侧重论述虚拟团队领导力。太多的人认为只要掌握使用不同的通信技术，他们就可以克服虚拟团队工作的挑战。这只是拼图的一部分，只占所需的不到10%。真正的虚拟领导力需要考虑虚拟团队的人性方面，鼓励人们真正有效地进行远程合作，与此同时充分利用现有技术。

卓越的虚拟团队具备以下3个方面的特征。

- 具备从事这项工作所需的专业技能。
- 具备与远程团队成员进行协作的能力并能够领导他们（有趣的是，这意味着你需要从我做起）。
- 具备因地制宜和因人而异地使用适当技术支持的能力。

作者故事：我的虚拟团队工作生涯

回溯我的成长经历，命中注定我会成为一名虚拟团队工作专家。5岁前，我在3个国家居住过；我生于马来西亚，搬家到英国后又举家搬去了南非。11岁回到英国，通过写信与我最好的朋友苏珊（Susan）保持联系，尽管至今我们已经有十几年没有见面了。在剑桥大学，我在学校的电脑室遇到了我现在的丈夫马尔科姆。那时我们都是研究生，在正式约会前，我俩通过短信和电子邮件进行交流。这为我们的婚姻打下牢固基础，至今我们已经在一起25年了。

作为一名训练有素的工程师，我总是想把事情做分解，了解其基本原理。在20世纪90年代，完成博士学位后，我在第一份工作中就进行了实际应用。这项工作属于当时的新领域——"计算机支持下的协同工作"（Computer Supported Collaborative Work），工作重点是为现有的、面对面的团队提供技术支持，以便让团队更好地合作。

2001年，我很意外地加入虚拟团队工作。我本打算于9月13日，从伦敦希思罗机场飞到纽瓦克，参加在新泽西州举行的新工作启动仪式，那是我当时的雇主玛仕公司的一个重要全球项目群。这个时间节点是否让你想起了什么？没错，长话短说，"9·11"悲剧发生后，我的旅行戛然而止。接下来的几个月，我们谁都不被允许乘坐飞机。我无法与团队成员见面，不断累积的工作，让我觉得好像掉进了深坑，因此，我必须学会如何远程控制并让项目群的工作启动起来。

简短点说，事实是项目群运行得非常好，感谢同事和其他帮助我的人，他们帮我将头脑里的知识进行转化，并在虚拟世界中落地。作为经过培训和认证的引导师，我能够深入虚拟团队人性的一面，并且调整和应用我从前学到的知识，以适应这一新情况。

自从这个项目群的工作结束后，我的大部分工作都是虚拟的。我离开了玛仕公司，创建了Making Projects Work 有限公司。我的客户遍布世界各地，我经常和他们一起工作但不用出差。我的办公室位于英国的一个小镇，在这里我主办了国际性的虚拟大会，如虚拟团队工作峰会和商业分析峰会。我的辅导小组成员通过网络相聚，一起学习，互相支持，在共享在线空间中进行讨论。我参与了关于建立网络关系的学术研究，并通过这些利用虚拟技术连接在一起的工作小组为专业协会服务。

闲暇时，我学习如何拉好小提琴，而且是在虚拟乐团中学习哦！

我是世界各地1 000多名成人管弦乐器初学者中的一员，我们在网上分享演奏技巧和所取得的进步。我的新朋友在多哈和马德里这样遥远的地方，我们表演二重奏，这也让我对他们有了更多了解。

你将从阅读本书中获得的收益

本书旨在帮助你获得如何发展虚拟团队和虚拟团队领导力的实用建议和想法。从自我了解开始，在会议内外与他人进行远程合作，介绍虚拟团队工作所需的技术，并继续深入更复杂的层面，如跨文化、跨代际、跨语言、跨时区的工作（详见图0-2虚拟团队领导力模型）。

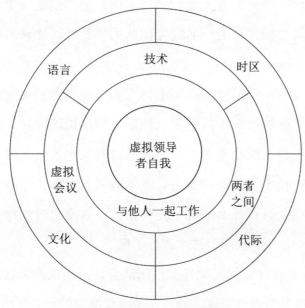

图0-2　虚拟团队领导力模型

本书章节内容概述如下。

第1章，通过对世界各地数以百计的虚拟团队成员所面临的挑战进行研究，阐述了虚拟团队的利与弊。本书的其他章节，则是遵循虚拟团队领导力模型，从内而外进行描述。

第2章，描述领导力模型的核心：自我。在有效领导他人之前，我们需要发展自己的领导力心态、技能和行为，特别是在领导虚拟团队的时候。认识到自我的优点和缺点至关重要，因为只有这样，我们才可以选择最合适的行为和态度，成为一名真诚的领导者。

第3章，由内而外转向专注于与他人一起工作。这一章扩展了第2章讨论的中心思想，包括认识他人，与他们有效地建立信任和合作。我们将探讨如何打造一个成功的虚拟团队，以及如何接手一个深陷泥潭的项目团队的工作。我们将会研究混合型团队工作模式，一部分人面对面地工作，另一部分人远程协同工作。如何创造一个公平的竞争环境？我们将会探讨作为一名虚拟团队的领导者，如何改善虚拟团队各个方面的工作。

第4章，介绍一些虚拟团队的技术工具。之前我已经解释过，很多人认为拥有了好的技术工具就可以让虚拟团队抵达成功，但事实绝非如此。技术不过是成功要素之一。只有拥有强大的自我领导及与他人合作的能力，技术才能发挥效力。本章解释了远程工作的不同方式，并描述了哪些工具在什么情况下工作最佳。本章也对虚拟会议、社交媒体、协作工具和其他同步技术进行了概述。

第5章，着重讨论如何领导虚拟团队会议：为成功做好准备；如何吸引团队成员参与虚拟会议；如何获得会议期望的行动与结果。

第6章，讨论会议之外的虚拟工作，探讨如何带领你的小组成员，从虚拟个体走向虚拟团队，并让他们互相协作并保持联系。我们将探索如何提升虚拟团队成员的生产力。

第7章，我们将深入探讨和应对影响虚拟团队的一些复杂问题：跨文化、跨时区、跨语言和跨代际等。

　　第8章，重点讨论虚拟团队工作面临的一些问题，以及如何克服它们。本章描述了来自世界各地的虚拟团队领导者所面对的一些真实的和实际的商业问题与挑战。我从各个章节中抽取内容，将我认为最佳的处理方式汇总，并说明如何最好地应对每个问题与挑战。这些快速、实用的建议，你可以即学即用。

　　第9章，总结了本书的关键信息，同时鼓励你分享你在虚拟团队领导力方面的故事，你是如何改变他们的生活和工作的。

　　本书的每一章，都有一个简短的介绍用以进行收益总结。你可获得相应的策略和实用工具以便付诸实践，如工作清单、案例研究、故事、建议和视觉资料（表格和数字）。在每章结尾，会有一些供反思的问题，鼓励你思考自己的实际情况，采取一些即时的行动，提高你的虚拟领导力和虚拟团队的工作。如果想要研究更多资料，你可以看参考资料列表。本书中你还会发现一些简短的故事，每个故事都像一扇窗，让你了解他人的虚拟世界。

　　为了进一步支持你，我创建了一个资料库网站www.virtualleadershipbook.com，你可以从网站下载许多实用工具，并可下载本书中的彩色版插图。你还可从网站里找到更多的信息，并链接到各种非常有用的资源和讨论区，与其他读者和我一起互动。

从哪里开始？

　　本书的内容按照虚拟团队领导力模型的中心向外拓展。大多数虚拟团队成员都是非常忙碌的专业人士，所以每章都可以单独进行阅读。对于那些时间紧迫的人，我建议从第8章开始阅读，找出最接近自己所面临的挑战场景，然后选择你认为适用的章节和内容。

更多资料

本书及前文提到的配套的资料库旨在为读者提供指路明灯，提供实用技巧。这些内容可以即学即用，并发挥作用。欢迎你通过本书的网站，反馈你的进展，并与我和其他读者互动。

衷心祝你在探索虚拟团队领导力的旅途中一切顺利，让你的虚拟团队工作更上一层楼。

第 1 章

虚拟团队工作的利与弊

在这本书的开头，我们探索了虚拟项目团队的工作。我们从世界各地的人们那里听到各种虚拟团队工作的乐趣和挑战。本章我们将探索虚拟项目团队工作与传统面对面工作所面临的挑战，它们在哪些方面是类似的，哪些是远程工作方面所独特的。我们还将听到更多的故事，探索更多的有关这本书的研究成果。本章思维导图如图1-1所示。阅读本章的好处包括如下方面。

- 你将更好地理解你在面对面工作中学习和应用的一些技能，并对你在虚拟环境中面临的挑战有更广泛、深入的认识。

- 通过听取他人的经验，你将会意识到什么是有效的，并且会对一些潜在的威胁提前做好准备。

- 你将深入了解人们在虚拟工作环境中的经历与感受。

适合虚拟团队工作的场景

从事虚拟团队的工作，是一种有趣、有益的经历。正如许多全球项目经理和创业企业家所发现的那样，它可以让你接触到来自世界各个地方的最优秀、最有技能的人才。

虚拟团队通常比当地面对面团队包括更多不同种族和文化的人。这意味着这个团队可以拥有更广泛的技能、知识、经验和文化，与来自世界各地的客户和员工打交道，了解他们的不同需求。

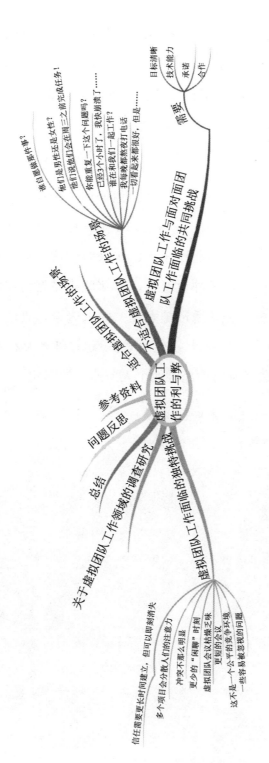

图1-1 本章思维导图

虚拟团队可以更高效地工作，提供每周7天、每天24小时的全方位支持，与遍布世界各地的同事一起工作。像太阳日起日落一样，当一个团队工作到自己的下班时间，他们可以在工作结束时将工作移交给其他地区的同事。如果有3个团队，他们位于不同的大洲，你可以得到全天24小时持续的支持，而不需要在一个地方雇用轮班工作的员工。

对于个人来说，虚拟团队工作给他们的工作提供了更多的灵活性。我的一个客户住在英国，家人住在南非。她喜欢每年和家人在南非待一段时间，并且能够通过在线工作来做到这一点。这种在地理与时间上的灵活性，在某种程度上，对那些正在努力照顾孩子的人或者需要照顾年迈父母（通常是女性）的人来说，真的很有帮助。在希腊的一位同事，实际上，他可以为美国和澳大利亚的雇主工作，从而避免希腊经济的动荡对他个人所造成的影响。

我表姐卡罗尔是一名医生，她喜欢环游世界并在世界各地工作。2014年，她在位于太平洋的偏远皮特凯恩岛担任住院医生。到达这些岛屿的唯一方式是从法属波利尼西亚出发，通过海路才能到达。除了观光邮轮之外，唯一的渡轮每年只到达12次。

卡罗尔在皮特凯恩的任期即将结束，她密切关注着她的下一个任期。她很快发现卡塔尔有一则医生广告。尽管招聘人员正在澳大利亚和新西兰进行这些角色的面对面面试，卡罗尔不可能长时间地离开皮特凯恩岛。但是最后整个招聘过程实际上是通过视频会议进行的。卡罗尔的丰富经验给招聘人员留下了深刻印象，最终在卡塔尔获得了一份正式工作。当我在多哈工作的时候，有一个亲戚来看我，那感觉真是太好了，如果没有远程线上招聘，卡塔尔的医院就会错过一个优秀的医生。

虚拟技术如今允许人们以前几代人不敢想象的方式一起做事情。这里的一个例子是美国驻伊拉克军队的麦克克里斯托将军，他通过使用视频链接，每天晚上与7 000多人分享信息。他发现，伊拉克复杂的环境需要一种新的战略，让当地的领导人和军队的高层指挥官都能适时地了解伊拉克的情况，而不是像过去那样这些信息都掌握在高层领导人手中［克里斯泰尔（Mcchrystal），2015］。虚拟技术支持的另一种新的工作方式是国际招聘：招聘人员可以通过视频会议面试世界上几乎任何地方的人。这些技术也可以让学者们以很小的成本，提供世界级的教育，并降低获取这些知识的门槛。众多公司和组织正在开始挖掘这些可能性。

在写这本书的一年前，我尝试了一个虚拟教育，报名参加了爱丁堡大学开办的一个大型开放在线课程（MOOC），我不用付费就可以学习所有关于音乐理论的知识。这使得许多以前被排除在外的人能够接受高等教育。我当时12岁的女儿夏洛特也是91 000名参与者之一，她在最终评估中获得了99%的分数，她在这个过程中击败了我！在几年前，许多高中学生还没有机会接受这样的大学教育，更不用说有机会比父母做得更好了。

随着家庭成员和朋友在世界各地的广泛流动，人们发现虚技术非常有效，能够更好地帮助人们相互联系。20世纪90年代，当我遇到我的新西兰丈夫时，他不得不控制给家里打电话的次数，因为当时的电话费实在是太贵了。如今，我们不用花一分钱就可以使用免费视频通话与远亲保持联系。这意味着人们在家庭和工作中越来越习惯于使用视频和其他虚拟技术。

不适合虚拟团队工作的场景

虚拟工作有如此多的好处，但并不是没有一点问题。下面是一些非常典型的场景，展示了虚拟团队工作和虚拟会议让人感觉有一些尴尬的场景。在接下来的文章中，我们使用了假名字，以避免相关当事人的尴尬。

谁自愿做那件事？

凯特常与政府和公司的高层人士一起组织高级别的国际会议。她告诉我，在电话会议中，通常会有一个声音冒出来，主动提出要采取一些行动。不幸的是，说话的人通常不会表明自己的身份，所以没有人知道他们是谁。这意味着凯特不能以任何人的名义记录所说的行动措施。此类行动无法得到适当跟进，也不太可能完成。（请见第5章，了解如何防止这种情况，并在这种情况发生时，如何通过外交手段制止这种行为。）

他们是男性还是女性？

当我在西班牙为一个团队做咨询时，托马斯分享了他的一个困境："我已经通过电子邮件和一个来自印度的人共事了一段时间，但我不知道他们是男还是女。他们的名字对我来说没有任何帮助，我真的不知道。我猜想一旦我们开了一个团队电话会议，事情就会变得明朗起来。但不幸的是，我还是不知道。因为那些声音完全是中性的，可能是男性，也可能是女性。在后来的文章中，当其他人说某个人是'他'或'她'时，我不得不把这个人称为'他们'。太尴尬了！"

（请参阅第5章了解这方面的解决方法。）

他们说他们会在周三之前完成任务！

在瑞士吃午饭时，我听到丹尼尔讲述了他在项目中的一些挫折。他正在与一个海外软件开发团队合作："当我问他们是否能在周三之前完成一些工作时，他们都说可以。现在是周五，我却没有得到任何证据表明这项工作已经开始。这让我发疯。"这听起来很熟悉，对吧？我问丹尼尔他的同事是在中东、印度还是亚洲其他地方。他说他们来自印度。我向他介绍了关于面子的概念，这是丹尼尔需要了解的一个在印度根深蒂固的文化特征，以及他应该如何构建他的问题，才能避免这样的现象和问题。（更多关于如何跨文化高效工作的信息，请参见第7章，尤其是如何与来自不同文化的人合作。）

你能重复一下这个问题吗？

我和很多人谈过对远程工作的感受和想法，大多数人承认，他们并不总是完全专注于他们的远程会议。佐伊是一个特别诚实的人，他说："我周五晚上10：00有一个全球管理会议。但那时候，我已经很累了，已经为周末做好了准备。我在美国的同事们还都醒着，他们在工作中，因为对他们来说，这仍然是上班时间。我拿着一大杯红酒来到我的书房，加入会议中。当他们正式开会以后，我就放松起来，开始品尝我的红酒。只有听到我的名字，当他们叫我时，我才会停下来，让他们重复他们的问题。"

大多数人不会像佐伊那样大胆，但是，即使是有心参与，大多数的虚拟会议也往往是乏味的，其他的工作、项目、社交媒体和游戏，往往会诱使人们离开而不能让人完全专注于此。如果你听到人们要求你重复这个问题，这是一个迹象，他们只有在自己的名字被叫到时才会回过神来。（请参阅第5章，了解如何让你自己的虚拟会议真正吸引人，以及确保人们始终关注的技术。）

已经3个小时了，我快崩溃了……

我参加了一个大型国际制造公司的项目风险管理审查会议。这个审查会议用的是共享屏幕的电话会议形式，进行了整整一上午。屏幕上显示着一个非常大的电子表格，上面记录了所有的风险。3个小时以后，我绝望了，因为谈话还没有停止。作为一名观察员，我不是一名正式的参与者，所以我觉得我不能要求他们仅仅为了我而暂停会议。似乎许多虚拟会议的领导者都认为，人们能够像机器一样不知疲倦地工作。如果领导者能够多一点人性化考虑，虚拟会议的效果一定会更好！（在第5章中，可以了解更多关于为员工规划远程会议的信息。）

谁在和我们一起工作？

在同一次风险管理审查会议中，我是受邀观察员。然而，由于技术挑战和不匹配的软件系统，我花了一段时间才加入会议。这意味着我一开始无法自我介绍。当我加入电话会议时，没有人邀请我做自我介绍。由于会议已经全面展开，我只能保持沉默。只有三四个人在说话，尽管后来我听到至少有10个人在会议中。谁在那里开会？有没有其他不请自来的人加入了这个电话会议中？不速之客听到公司的机密信息了吗？事实上，没人知道谁在听，谁在参加会议。这很常见。（有关如何确保每个人都清楚会议中还有谁，以及如何处理保密问题的更多信息，请参见第5章。）

我每晚都熬夜打电话

珍妮特累坏了。她为一家大型制药公司的全球项目工作。她的许多重要联系人都在美国，她本人在英国。她负责的许多重要虚拟项目都是这个情况。"彭妮，"她说，"我最近有点太累了！团队里总有人想问我问题。如果他们是在洛杉矶，那么他们正好是在我下班的时候，才刚到达办公室开始工作。"作为一名尽职尽责的项目经理，珍妮特发现，她很容易把晚上在家的大部分时间，都用来与项目团队成员进行一对一或者是团队的通话，但这让她越来越疲惫，并对她的工作和生活平衡产生了负面影响。（参见第7章中跨时区工作的提示。）

有趣的是，虽然虚拟工作形式给工作带来了许多的灵活性，但正如珍妮特所发现的，这种灵活性也往往意味着工作覆盖的时间已经远远超出了正常范围。如果人们由于照顾孩子或其他责任而无法在晚上工作，他们很可能会发现自己处于一个不利的地位，甚至完全被排除在团队之外［迈耶森（Meyerson）和弗莱彻（Fletcher），2000］。

一切看起来都很好，但是……

虽然上述所有问题都很容易发现，但这个问题却有一点不同。一切看起来都没有问题。你对工作做了明确的安排，大家都知道要做什么工作。据你所知，一切都进展顺利。唯一发现出问题的迹象是，人们在会议中有一点沉默。当你在会议上询问一切进展是否顺利时，大家一致的回答，要么是"很好"，要么是沉默。最后，你发现了一些重大冲突，一些团队成员与另外一些人没有相互合作。你想知道的是，为什么这么长时间你都没有意识到这个问题。像在这样的虚拟团队工作中，冲突是很难被及时发现的。通常在它被发现很久之前，问题事实上就已经存在了，即使发现了，也很难纠正，让事情重新回到正轨。（参见第5~8章，了解当你不能每天与人沟通时，如何倾听和应对冲突的技巧。）

虚拟团队工作与面对面团队工作面临的共同挑战

我的经验和调查结果表明，在许多领域，虚拟团队工作与面对面团队工作所面临的挑战是相同的。其中包括以下几方面。

- 对于目标明确性的需要。高效率工作的人士，总是需要对他们正在做的事情，有一个明确的、共同的目标，并对他们共同工作的结果有一个清晰的、共同的愿景。他们应该有明确的个人目标，同时也要理解自己的目标如何与他人的目标相匹配，以便支持共同的愿景。在细节层面，他们需要清楚地知道他们需要完成的任务，并知道谁在做什么。

- 技能需求。人们需要有适当的技能，作为团队的一部分，有效地履行他们的职责。

- 承诺的必要性。无论人们是面对面工作，还是远程工作，他们都需要致力于完成自己的工作，这样其他人才能信赖和依靠他们。

- 对于合作的需要。在21世纪，大多数专业工作都是知识型工作。重要的是，人们可以根据不同需要进行相互协作和共享信息。但令人失望的是，从我的调查结果中看，在一些传统行业中，指令或命令式的领导风格仍然盛行，信息不能被广泛共享。

虚拟团队工作面临的独特挑战

虚拟工作带来了一系列独特的挑战，包括管理和技术两个方面，它们与面对面环境中所面临的挑战有着许多不同。以下是调查中发现的一些问题。

一些容易被忽视的问题

由于虚拟团体分布在不同的地理位置，个体成员很容易变得不可见或"消失"。在面对面的会议中，人们会注意到某人是否安静，是否做出了贡献。可是在远程会议中，核心小组可以长时间讨论一个话题，陷入其中，并完全忘记在线上的其他人，不管他们的参与情况。作为一名虚拟团队的领导者，在虚拟团队会议期间和休会间隔，要监督参与情况，这一点非常重要，不要想当然，以为人们是会自动参加会议的。当你注意到任何人有隐身的危险时，你可以轻轻地把他或她拉回到群体会议的讨论中。（详见第5章远程团队会议和第6章会议之间的合作。）

这不是一个公平的竞争环境

实际上，在一个团队中，有人会比其他人更接近权力和资源，他们自然会有更大的影响力。在虚拟会议中，有一些人在远端的线上，而另外一些人则可以在一个房间里，这些面对面在一起的人，在讨论事情时，很容易忽略电话远端的人。作为一名虚拟团队的领导者，你的工作是要创造一个公平的竞争环境，让那些在线上的同事至少要参与到会议中来，而不要让面对面的群体总是支配着会议。注意人们所处的地理位置，会产生影响力方面的差异，要注意减少这些差异，缩小其影响。（详见第5章团队会议和第6章会议之外的公平竞争环境。）

更短的会议

如果可能的话，我会尽量将虚拟会议的时间限制在一小时以内，最多也不超过90分钟。因为当时间超过了这个数值以后，我注意到人们的注意力开始分散，即使我使用了所有的技巧来让人们在整个虚拟会议中尽可能地参与进来！因此，缩短虚拟会议时间是有意义的。如果你需要涉及很多领域，你需要进行几次简短的会议，而不是召开一个持续一整天的会议。（有关远程会议的更多信息，请参见第5章。）

更少的"闲聊"时刻

在同一地点工作的团队，有很多机会进行聊天，比如在饮水机旁、咖啡机旁、走廊或在午餐的时候。这种偶然的同事小聚，往往会帮助团队在会议和工作之外建立一种人与人之间的关系。这意味着团队成员之间的关系的发展，帮助人们相互之间更好地了解和信任。如果有任何问题或冲突的迹象，人们可以去找他们的同事，探索问题的原因并解决问题。

但在远程工作中，没有"闲聊时刻"存在。当一个人在英国的冬天走完令人神清气爽的餐后散步，并小口喝着一杯热茶时，他们的虚拟同事，则可能在千里之外的里约热内卢炎热的夏日里，吃着冷饮来降温。他们没有机会偶遇对方，并以一种轻松的方式闲聊！

作为一名虚拟会议的领导者，你需要安排一些有计划的非正式对话，帮助人们建立关系。（请阅读第3章，了解远程工作团队的团队建设；阅读第6章，了解更多关于在会议间隙如何组建团队，以及如何在线上创造"闲聊时刻"的信息。）

冲突不那么明显

在虚拟团队中，人们很容易保持沉默，也很容易被忽略。冲突可能隐藏在冰山之下，比面对面的团队可能更长时间不被发现。一旦冲突公开化，要想解决冲突，也非常困难，因为大家相互之间离得很远。在面对面的团队中，问题一旦出现，处理起来也较容易。冲突在人们的脸上和/或肢体语言中是显而易见的。在会议间隙，你可以召集人们来解决冲突问题。但是在虚拟团队中，你可能会错过许多冲突的迹象。重要的是，领导者要时刻留意沉默和一些微妙的冲突迹象，比如人们似乎赞同事情，但语气中却不情愿。（更多内容请参见第3章关于与他人合作的提示、第5章关于会议、第6章关于团队会议之外的合作。）

虚拟团队会议枯燥乏味

许多虚拟团队会议如此无聊，以至于无法让人不被其他一些东西分散注意力，比如电子邮件、社交媒体，甚至游戏！以电话会议为例：在电话中，听众只是在利用他们的听觉在参与会议。其他的感官都没有参加。其他东西很容易引起他们的注意力，分散他们对电话的注意力。似乎当人体可以自由地做其他事情时，它们就会这样做。有传言说，有些人甚至在打电话的时候去洗手间——这些年来我偶尔听到冲水的声音。

远程会议参与者需要积极参与并在会议中发言，这样保持专注就会更容易一些。使用更丰富的一些交流沟通工具，对缓解这些问题会有所帮助，比如视觉卡和可分享的肢体语言，以及一些沉浸式虚拟世界工具。（你将在第4章关于虚拟技术和第5章关于虚拟会议中学习到这方面的策略和技术。）

多个项目会分散人们的注意力

当人们有多个项目时，他们很难专注于其中任何一个虚拟团队的工作。在我与项目经理的合作中，我注意到大约2/3的人参与了多个虚拟项目，大约1/3的人在所有时候都有5个或更多的项目在进行中。有这么多事情要同时考虑，虚拟团队项目很容易不被重视，而面对面的工作则更容易获得更多的关注。很自然，当地的工作会得到更多的投入，因为团队成员可以走过去看看情况如何，或者问一些问题。

作为一名虚拟团队的领导者，意识到这一点很重要，你要建立团队文化，并想办法让人们保持专注和投入。（在第5章和第6章中会有更多关于这方面的内容。）

信任需要更长时间建立，但可以即刻消失

虽然信任对于面对面的团队来说也可能是一个问题，但是在虚拟团队同事之间建立信任则需要更长的时间。作为一个虚拟团队的领导者，你不能假设一旦有了信任，它就会永远存在。它可以在任何时候毫无预警地消失。

作为一名虚拟团队的领导者，要非常小心地创造一种积极的团队文化，并尽可能在团队成员之间建立关系，尽早进行面对面的会面。（我们将在第3章讨论信任的各个方面，以及在第5章讲述如何将这些方面应用于虚拟团队会议。）

▎关于虚拟团队工作领域的调查研究

世界各地的不同组织与不同角色都在广泛地使用虚拟工作形式。为了深入了解这种多样性，我要求人们填写一份在线调查，总结他们在虚拟团队工作中面临的挑战，然后询问他们实际上对他们有效的是什么。169名参加者来自世界24个国家，主要来自英国（66%）、美国（10%），其次是比利时、意大利、德国、澳大利亚、瑞士和芬兰，占比都在2%左右。参与者填写了含有9个问题的简短问卷。调查包括关于他们的角色和组织、居住国，以及他们参与虚拟工作的问题。受访者写下他们自己在虚拟工作中面临的问题与挑战，然后从一份准备好的典型问题清单中——从作者的咨询工作、之前的调查和网络研讨会中收集出来的——选择所有出现在他们工作中的问题。然后，调查参与者给出了他们自己认为对虚拟团队工作有效的技巧。你可以在"引言"部分提到的资料库网站上找到这些调查的链接。超过一半的受访者同意与作者进一步跟进，分享他们自己经历的故事和案例研究。在大多数情况下，这些故事是匿名或只有部分名字的。你可以在本书大多数章节末尾的故事框中阅读到这些技巧和故事。

参与调查的大多人都为跨国公司工作（60%），同时雇员超过250

人的大型组织占46%，也有来自雇员不超过10人的微型公司（18%）的人。略多于一半的人是虚拟团队的成员，略低于一半的人领导虚拟团队工作。让我们来看看调查的结果。调查要求参与者从一个列表中，选择他们认为会出现在自己工作中的所有挑战。参与者写下他们个人在虚拟工作中发现的问题。76%的受访者认为"吸引远程参与者参与活动"是其中最大的挑战。

下面是被大家提到的一些常见挑战，概率都差不多。

- 容易忽略沟通中的一些变化与细微差别（58%）。

- 跨时区工作（56%）。

- 跨文化工作（56%）。

- 建立信任（55%）。

接下来这些是虚拟团队领导者们遇到的关键问题，尤其是在处理虚拟团队工作中的"细节"方面。

- 实施监督工作（47%）。

- 对同一术语或词语有不同的理解（44%）。

- 识别和处理冲突（42%）。

- 我没有时间和虚拟团队的同事在一起，所以相比于面对面的同事，我和虚拟团队的同事并不熟络（42%）。

- 不同的工作语言（41%）。

- 使用的技术（41%）。

所有这些问题，我都将在接下来的章节中讨论。

我们所做的最后一个调查问题是，如何让虚拟团队工作更有效地合作。答案是开放形式的。到目前为止，我们收到的最受欢迎的答案是面对面，或者在项目开始时，一年一次，或者更经常地见面。这很有趣，但也不是完全出乎意料。面对面的交流是我们人类最习惯的，我们已经学会通过使用非语言的暗示来成为有效的交流者。当不可能面对面时，学会如何建立信任及如何处理困难的沟通是很重要的。没有这一点，虚拟团队工作将不会像它应有的那样有效。

其他一些常见建议包括以下方面。

- 定期、清晰的沟通，确保中间没有长时间的间隔。

- 明确角色和责任。

- 会议议程的使用。

- 清楚团队将如何合作，从会议到项目的方方面面。

- 共同的愿景、成果和目标。

- 开放的团队文化，每个人都能倾听他人，并在有困难时寻求他人的帮助。

- 花时间相互了解，建立相互信任的关系。

- 理解每个团队成员的观点，以及他们喜欢的工作方式。

- 技术应该易于使用，并能应对挑战。

- 使用视频而不是仅仅音频。

- 屏幕共享技术的广泛使用。

- 使用每个人都可以轻松访问的公共资料库。

有趣的是，虽然有些人更喜欢使用电话，但另外一些人却更喜欢使用即时通信。也许这些人来自不同的时代？我没有问人们的年龄，所以我不确定。除了在这一点上，反馈是非常一致的。我们将在本书的其余章节中探讨这些问题。

如果你想将自己的观点添加到调查中，你可以在本书的"引言"部分提到的资料库网站找到链接。

总结

在这一章中，我们看到了虚拟团队工作的巨大潜力：能够在任何地点一起工作，为组织和个人带来很大的灵活性。当然，这不仅带来了机遇，同时也带来了挑战，我们将在本书的其余部分讨论。

问题反思

这里有一些问题，可以帮助你思考虚拟团队工作对你个人和你的组织所产生的一些影响，包括有利的和不利的两个方面。

（1）你在虚拟团队工作方面已经取得了哪些成功？对你而言，好的方面是什么？你知道你将来可以将那些技巧保留下来吗？

（2）你在虚拟团队工作中发现哪些事情较难？你将来想改变一些

什么？

（3）虚拟团队让你从事一些什么方面的工作，这些工作在20或30年前是不可能的？你要感谢什么？

（4）你觉得虚拟团队工作难在哪里？这一章中哪些场景对你来说是真实的？你还能想到其他的什么样的工作场景吗？（请把这些写下来，因为当你通读并应用这本书的其余部分时，你会发现它们很有用。）

（5）你从调查结果中获得了哪些见解？你的回答与受访者给出的有什么不同？你的团队成员呢？

参考资料

[1] McChrystal, S, Silverman, D, Collins, T and Fussell, C （2015） *Team of Teams: New rules of engagement for a complex world*, Penguin, New York.

[2] Meyerson, D and Fletcher, J K （2000） [accessed 29 February 2016] A Modest Manifesto for Shattering the Glass Ceiling, *Harvard Business Review* [Online] https://hbr.org/2000/01/a-modest-manifesto-for-shattering-the-glass-ceiling.

| 第 2 章 |

虚拟团队领导力、心态和方法

在这一章中，我将讨论虚拟团队领导力，它是什么，以及它对虚拟团队工作的成功是如何重要。我们将探索各种领导力方式，并了解虚拟团队领导需要具有不同于传统团队领导的思维方式。我们思考是什么让伟大的领导者变得伟大，并探索你需要什么样的技能才能成为出众的虚拟团队领导者，不管你在虚拟团队中扮演什么角色。我们探索态度、行为、个性和身份等各个方面，这些可以造就一名优秀的虚拟团队领导者，也可泯灭一名优秀的虚拟团队领导者。在这一章的最后，我们将讨论如何使用你身边的环境来支持你的领导。通过阅读本章，你将：

- 理解什么是虚拟团队领导力，以及它如何超越传统的领导形式。

- 认可虚拟团队的成员，可以让自己扮演一名虚拟团队领导者的角色，而不仅仅是成为一名被指派的唯一领导者。

- 深入了解成为成功的虚拟团队领导者所需的心理、态度和行为。

- 采用新方式与新方法，让你的个性和身份来支持你作为虚拟团队领导者的工作。

本章思维导图如图2-1所示。

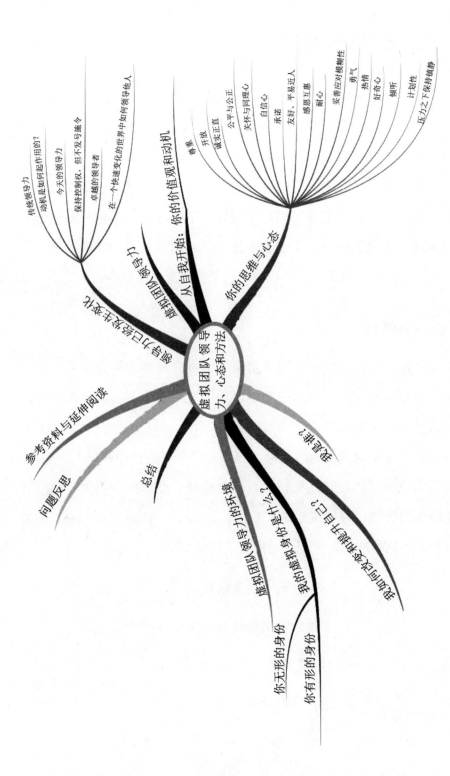

图2-1 本章思维导图

领导力已经发生变化

领导力与管理既有区别，又有联系，二者互为补充。领导力不仅仅是要完成一项任务。领导力是共启愿景，通过一个令人激动人心的未来愿景，把大家凝聚起来，让大家参与到一项伟大的事业中，一起获得成功。关于领导力有许多不同的领导理念和模式，可能也有差不多同样多的关于这个主题的书籍！搜索一下领导力，可以找到成千上万的链接。让我们回顾一下过去，进一步了解领导力的来源，以及领导力将如何发展和演进，以适应我们这个快速变化的世界。

传统领导力

世界各地的传统领导者通常是某一个声名显赫的特定个人。这些人都是有权有势的人，通常是男性，他们发号施令，当他们说话时，其他人不得不跟随他们，不管这意味着什么。这方面的一个例子是1854年克里米亚战争中的轻骑兵。随着一声令下："冲锋！"由600名轻骑兵组成的英国轻骑兵旅，没有任何质疑，全都照听照做，最后导致了惨痛的伤亡。阿尔弗雷德·丁尼生（Alfred，Lord Tennyson）勋爵在《轻骑兵队的冲锋》中深刻地描绘了这个故事。

> 他们不需要回答，
>
> 他们不需要问为什么，
>
> 他们要么服从命令，要么死：
>
> 那六百匹马儿哟，
>
> 还是冲向了死亡之谷。

在20世纪，控制和发号施令是管理者的主要方式，这种领导风格显然是受到了当时工业经济、两次世界大战及之后各种军事冲突的影响。这种领导风格特别适合于重复性劳动和非熟练劳动力的工作场所，如工厂和其他一些大规模生产的环境。在这种专制的工作方式中，管理者拥有影响力、权力和权威，以及交付的责任。经理们做出最重要的决定，并将这些决定传达给员工去执行。虽然工人们不太可能被要求服从到战死，就像在轻骑兵队一样，但他们仍然被期望"不要去问为什么"，而是服从命令，听从安排，不断努力工作。经理们密切关注并控制和监督工人们所做的一切。沟通的主要方式是管理者发号施令，而工人听从指挥。工人们习惯了被告知要做什么和不做什么。而管理者在当时的制度下，则被认为是聪明的、有知识的和拥有经验的人。而工人们只需要服从即可。

控制和发号施令的方式可能是有效的，特别是在没有时间讨论和审议的危机情况下，或者是在问题已知和解决方案明确的情况下。领导者需要使用标准的方法和经验来交付结果。它在当今的层级组织中，对于短期项目是非常有效的，因为这些项目不需要创造性，只需要遵循标准生产作业程序即可产生期望的结果。除此之外，控制和发号施令的方式，当然也伴随着一些重大问题，其中最大的问题是它没有利用从事这项工作的个人的创造力和技能。亨利·福特说："为什么每次我要一双手时，它们都带着大脑？"这意味着福特认为每个工人的大脑都是一个问题，而不是一个可以利用的丰富资源。

控制和发号施令型领导最适用于这样一种情景，即工人技术不熟练，但领导者具备所需的知识和技能，工作是重复性的和日常性的。20世纪后期，随着机器人或计算机的使用，重复性工作都在变成自动化，控制和发号施令型领导者的地位开始失宠。随着越来越多的工人处理知识而不是事物本身，并把思考作为一个关键工具，不充分利用人们的头脑就不可能完成工作。控制和发号施令的领导方式，往往会降低工人做好工作的内在动机。这样做就创造了一种"我们和他们"的文化，将经理和工人分开，就像工人采取工会行动时所看到的那样。

控制和发号施令型领导方式，很可能对工人所做的工作进行微观管理，希望随时准确地知道他们正在做什么，最好能亲眼看到工人们的进步。这在远程世界是行不通的，是吗？虽然微观管理可能会给经理们一种控制感，但这可能会破坏个人的工作动机。当人们对你进行微观管理时，你有什么感觉？我怀疑你一定不太喜欢它。我反正一点也不喜欢！在我们的虚拟工作环境中，激励真的很重要，因为它有助于让虚拟团队的员工参与并专注于他们的虚拟团队工作。

因此，对于大多数虚拟团队工作来说，命令和控制领导方式不是明智的选择，因为它削减了大多数团队的创造力和技能的发挥，降低了他们做好工作的内在动力，并造成了团队之间的不和谐。命令和控制试图将控制权放在中心位置，经理们需要花费大量的时间监控每一个人的所作所为。下面我们探讨如何增强一个人的内在工作动力，是否有其他的更好的领导方式。

动机是如何起作用的？

随着21世纪复杂的工作环境和现在由机器人或计算机执行的大量重复性工作，许多工人现在都成为知识型工人。他们受过良好的教育，有着高度发达的技能。对于那些因为特定知识和技能才被聘用的虚拟团队的员工来说尤其如此，无论他们在哪里。那么，我们如何激励在虚拟团队中工作的知识型员工呢？

对动机的研究表明，有3个关键因素能够激励从事非常规工作的员工［平克（Pink），2011］。

- 目的：给一份工作赋予崇高的意义。人们总是渴望从事一种有意义的工作，让工作的意义超越我们自己。

- 自主权：人们期望主宰自己的生活。

- 完美主义：在重要的事情上，期望做得越来越好。

我们现在知道，这3个要素对知识型员工来说，远比现在经常使用的奖励和惩罚更有激励作用。

传统的控制型领导不能给予工人自治，因为老板喜欢指导工作，而知识型员工喜欢自治，虚拟团队工作者尤其如此。一项研究表明，虚拟团队的管理者们，他们非常喜欢自己有一个远程的领导者，因为这样他们便可以自由地处理他们的工作，而不是一直被监视着［霍尔（Hall），2007］。（顺便说一下，当这些人被问及他们自己的虚拟团队成员感觉如何时，他们说他们会担心向他们汇报的人可能会感到有一些孤独、被遗忘和寂寞感。这是一个多么有趣的发现，上下不一致呀！）

那么，什么样的领导风格会利用这3个强大的激励因素，为虚拟团队的有效工作提供良好的基础呢？让我们看一看下面的选择。

今天的领导力

尽管控制型领导模式仍然在一些地方实行，特别是在日常工作中，但很多领导者发现，一种更具包容性的方法却更为有效。这种高效的方法，不仅让团队成员参与工作，而且还要为决策做出贡献。每一个团队成员的智慧、技能和经验，都对团队整体的成功至关重要。领导者重视每个人的付出和贡献。领导者与员工需要协商和达成共识的是，明确清晰、具体的目标和时间表，而不是向他们发送订单，并不断监控他们的工作。员工最终如何从事他们的工作取决于每一个人。领导者本质上不干涉员工的工作，而是给予他们一种自主权，让他们自己选择他们喜欢的工作方式。这有助于激励员工，而且实际上效果更好。

一些组织甚至更进一步，允许自我管理的团队存在。这些是被授权的团队，经理对团队提供支持，而不是监督。每个人都有管理和完成工作的责任，团队对产出的质量共同负责。自我领导团队中的团队成员往往随着领导职责被分配到整个团队中，而展现出更高水平的承诺和动力。在这里，领导者变得更像一个引导师和教练，使团队中的人更容易实现目标，个人和团队都在工作中得到发展。在某种程度上，这将领导者的整个理念，从以做老板为主要目标转变为以服务他人为主要目标。许多作家探讨了这对领导者意味着什么，内容涉及仆人式领导、真诚领导、引导式领导，以及许多其他领导的类型。

作为一名教练和引导师，领导者提问是为了帮助人们自己找到解决方案，而不是告诉他们应该做什么。这对已经有一些知识和技能的人来说是最有效的。教练让他们在未来更加自立。他们提出的任何解决方案，都是他们自己的解决方案，因此他们很可能会更加致力于实现这些解决方案。他们自己的解决方案，更有可能与他们自身所处的环境相适应，这是他们自己选择的结果，不是外来强加的。这种教练模式，可以像面对面一样，通过电话轻松完成。

这种脱离传统领导力的发展变化有助于解决另外一个问题。在我们这个瞬息万变的世界里，领导者所需要的那些品质不可能出现在一个人的身上，而几个人形成一个团队拥有这些品质则要容易得多，一个分布式的领导结构可以实现这一点。"从智力上来说，显而易见的是，无论多么有才华和天赋，英雄主义的领导者在今天这样一个复杂的、充满变化的组织中，都不能继续存在……领导力将呈现一种分布式的结构，而不仅仅是来自高层。"（埃弗里，2004）

保持控制权，但不发号施令

对于一个习惯于指挥并发号施令的经理来说，想要他改变他们的领导风格并不容易，"我如何保持控制权"是他所面临的一个挑战。首先，非常重要的第一步，是要就虚拟团队正在努力实现的目标达成共识，明确所涉及的风险与责任。下一步则是制定项目的汇报机制和关键措施，当有同事面临交付困难的时候，项目经理和整个团队能够及时提供帮助。不要试图施加过多的控制——这会适得其反！一两个关键点的控制或措施就应该足够了，只需要做好最重要的控制。此外，对需要跟踪的团队，设定一些规则或法律条文也是必要的。这些举措并不意味着放弃了控制。这意味着我们是让每个团队成员自己掌控他们的工作。当然，像这样最小化管理和领导者的控制，需要每个人和团队之间有一种良好的信任关系，这一点我们将在第3章中进一步探讨。

许多组织试图通过执行规则来控制事情的发生。在一个快速变化的世界里，固定的规则总是缺乏灵活性，不能适应变化的环境和复杂的情况。运用原则帮助每个人做正确的事情，而不是那些固定的规则。当我在玛仕公司工作时，有5个基本原则要遵循。只要我们遵守这些，我们就有很大的灵活性去做任何我们认为在当时情况下正确的事情。另一个例子是谷歌的控股公司爱法贝（Alphabet），它的原则是"做正确的事——遵守法律，诚实工作，互相尊重"（爱法贝，2015）。应用多一点的原则，少一点的规则，对虚拟团队和面对面团队一样重要。

卓越的领导者

卓越领导者是什么样的？当研究人员询问人们对领导者的偏好时，结果往往会显示，许多人认为领导者应该是有吸引力的、魅力四射的、白人、年纪较大、能够承担风险、可能是以自我为中心的，而且多少有一点咄咄逼人。

就有效领导而言，以上这些都不重要，其中一些与真正需要的恰恰相反［查莫罗-普雷穆奇奇（Chamorro-Premuzic），2015］。领导者最重要的是他们拥有或需要拥有以下方面的素质与能力。

- 能力。

- 良好的判断力。

- 一致性。

- 愿景。

- 自我认知。

- 谨慎。

- 责任心。

- 智力。

- 自我控制。

- 同理心。

- 利他主义。

- 社交能力。

英国的一项研究探讨了杰出领导者和一般领导者之间的区别［塔姆金（Tamkin）等，2010］。他们的结论有3个方面。

- 杰出的领导者能够系统地思考和行动，重视组织内在的相互关系。

- 杰出的领导者将人际关系视为实现绩效的途径，并将大量时间和精力投入与员工和组织的社交活动中。

- 杰出的领导者自信且谦虚，因为他们知道，单靠他们自己，不能取得任何结果，他们只有发挥自己的影响力才能取得胜利。

在一项持续30年的研究中，库泽斯（Kouzes）和波斯纳（Posner）二位教授询问了受人尊敬的领导者的特征。他们的答案具有历史的一致性，经历了时间的考验，一名受人尊敬的领导者应该具备的品质分别是：诚实、前瞻性、能激励人和胜任能力（库泽斯和波斯纳，2011）。对于领导者来说，这些品质远远高于任何其他特征。更有趣的是，这4个特征出现在世界各地的答案中，五大洲的人们都选择这些特质作为他们心目中理想的领导者特质，并且一直排在前4位，尽管有时顺序不同。

作为一名虚拟团队的领导者，考虑这些数据，思考如何成为最好的领导者。当团队成员分散在不同的地理位置时，与人交往尤为重要。在这里，你自己的人际交往技巧，如何与团队成员建立良好的关系和提高团队士气都至关重要，即使是在很远的地方。诚实是信任的基础，这意味着你的虚拟团队会信任你所说的话；具有前瞻性，让你能够鼓励团队向着一个共同的、未来的美好目标前进；能激励人，意味着帮助人们努力做到最好；有胜任能力，意味着你可以胜任这项工作，而且你不会让别人失望。正确认知自己的技能和能力，是自我发展的基础。

库泽斯和波斯纳介绍了一套他们在采访时发现的关于领导他人的最佳实践（库泽斯和波斯纳，2012）。这就是他们的"卓越领导者的五项实践"，我在下面添加了一些关于如何在虚拟环境中应用每项实践的内容。

- 以身作则：如何通过你的所作所为、所说所写，为你的虚拟团队的同事树立榜样。他们看到的大部分人和事，都是通过虚拟技术感知到的。

- 共启愿景：帮助人们一起决定应该做什么，然后基于每一个人都认同的未来愿景，建立明确的目标。

- 挑战现状：抓住事情的本质，阐明改进的方法。这可以从你们如何一起在虚拟团队中工作开始，还可以更进一步，如何让组织的流程和实践服务于虚拟团队。

- 使众人行：建立协作，即使你们相距甚远，也要让他人参与进来，鼓励他们发挥自己的作用。这意味着要了解他人，并知道如何让他人参与进来。

- 激励人心：认可他人的贡献，不断庆祝成功与胜利。

如何才能将这些领导力实践应用到虚拟团队和自己的工作中？

如果你想知道如何在虚拟世界中"激励人心"，下面这个故事可能会给你一些启示。

卡尔被邀请参加一个在加拿大的新生儿的洗礼。准妈妈的家人和朋友在两个不同的地理位置，所以他们通过视频会议连接。这位准妈妈在两个群体的众目睽睽之下打开了她的礼物，两个地方的人们都高兴地吃着食物，庆祝即将到来的新生儿。这激发了卡尔，他期望也能为他的项目团队主持一个这样的虚拟线上庆功会。

卡尔和他的20个同事在加州的6个不同地点工作。在团队成功地通过项目的一个主要里程碑，提交了一个重要的交付成果后，他主持了一个虚拟的庆祝活动。他预订了两个位置便利的视频会议房间，鼓励人们到离他们最近的那个会议室。他还订了披萨饼和软饮料，帮助团队一起庆祝他们的成功。卡尔告诉我，他为每个不同地点的人们都打印了一个4米长的项目进度表——这是在庆功会上他告诉大家的。部门主任也受邀加入进来，表示他非常欣赏这个团队。卡尔的最后一步是认可个人的贡献。但他没有亲自来表彰，而是邀请每个团队成员分享他们对另外两个团队成员的赞赏，一个他们很了解，一个他们不太了解。他为此计划了一个小时，但是庆功会进行得非常顺利，花了两个小时，人们都不断地感谢他们的同事。

如果你不能旅行，你仍然可以庆祝。在一个大型项目中，我经常给每个地点的同事们寄送彩色糖果，大家都很享受那些糖果，并且还会关注大家更喜欢哪一种颜色。我们本可以一起吃披萨，但是由于所处时间与地理位置的不同，我们的午饭时间，却可能正是另外一个人吃早餐的时候，这时他更喜欢喝一点粥而不是披萨！所以，小糖果也许是更好的选择。

在一个快速变化的世界中如何领导他人

21世纪，我们生活在一个无论是工作或是社会都在快速变化的世界中。技术正在改变我们做生意的方式，新的工作方式正在不断诞生。大量的信息可以供我们利用，这是前所未有的事情。跨职能的项目打破了传统的官僚体系。具有更扁平结构的新公司正在快速发展。随着互联网成长的新一代加入劳动力队伍，社会正在发生巨大的变化。新一代的人们无法想象一个没有智能手机和移动数据的世界。在我们这个不稳定、不确定、复杂和模糊的世界里，领导力的内容比以往任何时候都更加复杂。变化总是存在的，过去的经历并不总是有帮助。

在这个快速变化的世界里，任何有效的领导者都需要探索和理解如下两个基本方面：他们自己和他们的环境变化。在这一章的剩余部分，我们将会先研究第一个问题，在其他章节，我们再探讨工作内容部分。

▎ 虚拟团队领导力

虚拟团队工作需要什么样的领导力风格？一个挑战是，当团队成员在地理上远离彼此时，领导者不可能看到每一个人正在做什么。另一个挑战是，人们很容易分心，被其他项目、其他工作，甚至社交媒体所吸引。因此，独裁式的和命令控制型的领导风格，在这种环境下，是行不通的，虽然有少数例外晴况。但不幸的是，仍然有一些领导人，还在艰难地使用命令和控制型的领导方式。

当团队成员分别处于不同的地方时，他们需要自我激励才能继续工作。没有人能一眼就看出他们在做什么，因此给他们在如何执行任务上的自主权是有意义的。激励人心和大脑非常重要，只有这样才能让人们感觉到自己是团队的一部分。如何让人们共享目的与意义，如何让人全力以赴，如何让人发挥出自己的优势，这都是激励团队的重要手段。

根据我的经验，对大多数虚拟团队工作而言，最佳的领导风格是领导者为团队提供服务，尽可能地让每一个人都能为团队全力以赴地工作。领导者作为一名引导师，其字面意思是"让事情变得容易"。他们提升团队中每一个人的参与度，更好地完成工作和任务，同时创造一个让团队和个人能够茁壮成长的环境。

这种引导式的领导力，如何在现实和虚拟的环境中发挥作用？当然，它会因人而异！以下是你应该注意的一些事情。

- 新的团队成员加入团队。领导者在一对一的视频通话中，要询问新成员对团队有什么希望。在个人发展方面，他们想发展什

么技能？期望获得什么经验？他们需要什么帮助，才能充分融
入虚拟团队中？他们需要什么样的技术支持才能开展工作？这
种讨论让个人更好地理解团队的共享目标，并为团队做出自己
的贡献。

- 当领导给团队成员打电话时，应该问一些问题，比如："事情进
  展如何？""你打算怎么做？""我能做一点什么帮助你达成目
  标吗？""我们每个人自己所做的工作对你有什么帮助吗？"

- 如果出现问题，领导者要和团队一起共同探索纠正问题的方
  法，而不是责备。如果流程需要改进，他们将努力改进流程，
  以便更好地面对未来的挑战。

- 当事情进展顺利时，领导应给予表扬。有一些人会给他们的团
  队成员发手写的感谢卡，通过表扬他们的辛勤工作来鼓励他
  们，突出他们各自的不同之处。也许领导可以安排一个线上聚
  会，安排一些庆祝食物和饮料给每一个团队成员，通过视频会
  议分享。当然，这样做的时候，应该考虑不同的饮食文化！

你有没有注意到，当领导者在探索而不是告诉人们应该做什么的
时候，这种引导式的领导力是如何使用开放式问题的？

这种虚拟团队领导力方式，不必非得大家坐在一起。虚拟团队领
导力可以在团队成员之间进行，他们可以互相促进，互相提供教练。
作为虚拟团队的一员，可以通过提出问题和提出有益的建议，从任何
地方开始领导，做出自己的贡献。

▎ 从自我开始：你的价值观和动机

为了成为一名好的虚拟团队领导者，从自己开始努力吧。首先，了解你自己。想一想你在做什么。

有什么需要改进和学习？什么激励了你？什么对你来说很重要？你在工作中会坚持什么立场？这些都是非常私人化的问题，但有助于你理解自己的动机与目的。一旦你知道什么让你有激情，你就可以把你的所作所为与你的价值观联系起来——你在生活与职业中做出正确的决定，就会变得容易得多。当你实现你的目标时，你会更有成就感。当你的价值观与其他人的价值观或你所在组织的价值观不一致时，了解自身的价值观，还会为你计划下一步应该做什么，提供一些有价值的指导。以价值观为导向，能够让你成为更真实的领导者，并有助于为你的团队创造知行合一的环境。但是，理解自己的价值观并不容易，有时甚至可能需要一生的不断思考和测试。

价值观对每一个人来说都非常重要，而且与独特的个人有关。我的价值观之一是诚实正直，但我的诚实正直与另一个人的诚实正直，大家使用的词是一样的，但内涵却会有所不同。在我的虚拟团队中，诚实正直意味着我对每一个团队成员的信息都是公开和透明的，不要让不同的人听到的信息是不一样的。当然，这确实上是一个非常大的挑战。人们无法观察我的日常行为，但他们可以在团队会议上看到我的视频，听我在电话会议上的讲话，阅读我在团队协作工具、电子邮件和即时消息中写的东西。所谓诚实正直，就是要保持这样的一致性。与面对面的团队相比，这会更难，不是吗？

与此同时，我的同理心也将发挥作用，这意味着，对一些隐藏的或很难理解的信息，我会换位思考，以一种更通俗、更容易被接受的方式，表达同样的信息，让人们清楚下一步应该做什么，并让他们意识到，我理解他们的观点和处境。事实上，这又是一个巨大的挑战。我看不到一个团队成员的具体表现。在同处一地的办公室里，我会知道是否有人在挣扎，仅仅是因为他们的行为、外表或工作模式的改变。可是在虚拟团队工作中，则没有那种奢侈，所以我需要更加专注并仔细地倾听变化，注意人们身上正在发生什么，询问他们怎么样，是不是有什么问题。

倾听也好，关注团队成员也罢，所有这些方式对我来说，确实是一个两难的选择。我可以与他们在工作之外的社交媒体上建立联系，这将让我对他们的生活有一个更广阔的认知，但这也许太过分了？我不想显示出我在跟踪团队成员。我不想让他们感到有压力去满足我的要求，去查看他们的个人信息、照片和朋友圈。似乎关怀、同情和跟踪之间的界限在网络上变得越来越模糊，反而更决定于个人的感知和理解！这不容易，对吗？

虚拟团队工作如何影响你的价值观？对我来说，它让我能与世界各地的一大群人保持联系。协作对我来说是一种重要的价值——与他人合作产生有价值的产出。我的一些合作者从未见过我本人，甚至我的第一位虚拟工作导师南希·墨菲也从未见过我，尽管我们已经是超过15年的朋友了！

虚拟工作的技术使得我不用离开家就能完成大部分的工作。因为我现在有几个十几岁的孩子，所以当他们需要我的时候，我能和他们在一起并帮助他们，这对我很重要，也符合我的价值观：家庭很重要。然而，有时价值观会发生冲突。我写这一段文字是在从伯明翰飞往慕尼黑的航班上，在去瑞士巴塞尔为一位客户工作的途中。虽然我喜欢这3天的工作，能与一群有意思的人打交道，但这是有代价的。我要为客户做出优异服务的价值观，与我对家庭的价值观是有冲突的，这两者需要保持平衡，否则我会感到不舒服，工作也会受到影响。

寻找你的价值观

你怎样才能发现你的价值观？现在让我们开始进行一些探索。拿起笔和纸，一步一步地回答以下问题。

（1）回想你生活中的巅峰经历，想一想你的家庭生活和工作。这是生活中美好的瞬间，你觉得你所做的一切都恰到好处。你感到快乐、满足，甚至骄傲。也许这就是你真正高效的时候。探索你在那个特定的时刻，看到什么，听到什么，人们在说什么。在那个特定的时刻，你能在你的皮肤上和身体里感觉到什么，让每一次经历变得栩栩如生。那时发生了什么事？为什么？随着时间的推移，你会注意到什么？有什么价值观在起作用？用适合你的方式，把它们写下来：写在一张清单或思维导图上。如果你需要灵感，找一些他人列出的价值观，可能有助于激发你自己的想法。你可以在网上找到成千上百个价值观案例［帕夫林娜（Pavlina），2004］。

（2）另一种方法是思考生活中那些你觉得事情真的不对劲的时候。你对正在发生的事情感到不舒服，即使你不知道确切的原因。但你的直觉告诉你有问题。回顾过去，哪些价值观受到了损害？把这些也写下来。

（3）你可能会发现和别人讨论这件事情有帮助，因为他们可能会注意到你会忽略的价值观，尤其是那些你认为正常的价值观。问一问他们，了解一下他们的看法，他们认为什么对你特别重要。

（4）一旦有了完整的价值观，下一步就是对它们进行排序。哪些是最重要的？你想优先考虑哪一个？做到这一点的最好方法是在任何时候都会关注多个价值观。哪个更重要？这里一个强有力的问题是："如果我只能满足其中一个，我会选择哪一个？"如果更重要的不在顶部，那么就把它们换过来，然后转到列表中的下一个。从列表的顶部重复这个步骤，直到你的所有价值观都按照优先级，从顶部最重要的到底部最不重要的顺序排列出来。

（5）一旦你列出了你的价值观并确定了优先顺序，就要对它们进行测试。它们是对的吗？你愿意和你的老板、你的伴侣（如果有的话）和其他家庭成员分享排在最前面的最重要的3个价值观吗？它们让你感到自豪并激励你吗？如果你发现你可能的价值观之一会伤害你，或者如果你的价值观相互矛盾，那么还有更多的工作需要做！

（6）你的价值观对你的虚拟团队工作意味着什么？你继续做什么才能让你的工作更好，更符合你的价值观？你会停止做那些与你的价值观相冲突的事情吗？你的价值观表明，作为一名虚拟团队的领导者，你可以做一些什么不同的事情？

一旦你确定了自己的价值观，定期回顾它们，提醒自己什么对你最重要。你可能想把它们放在屏幕保护程序或者是便利贴上，这样你会在每一天，都有一个自然的提醒。

| 你的思维与心态

你是什么样的领导者？你具有什么样的行为？你如何成为一个更好的领导者？让我们依次考虑一系列有助于虚拟团队领导者的态度和行为，这些态度和行为的研究成果来自布瑞克（Brake）（2008）、科茨（Coats）和科德英坦（Coddrington）（2015）、塞特-墨菲（Settle-Murphy）（2013）和其他人。

尊重

作为一名虚拟团队领导者，要尊重和体谅他人。这意味着要了解员工不同的当地背景、观点、文化、传统、国籍和语言及其他方面与身份有关的问题，然后选择适当的行为。鲍勃（Bob）举了一个缺乏尊重的例子，即便他是完全无意的。他管理着一个来自美国德克萨斯州的但成员遍布全球的虚拟团队。他曾经要求每个人在他的周五早上参加一个电话会议。虽然时间对他的全球团队的每个成员来说，都是在一天中的合适时间，但鲍勃已经忘记了来自卡塔尔多哈的马里亚姆（Mariam）不会出席。因为在中东的大部分地区，周五是神圣的一天，周末从周五持续到周六，而不是鲍勃在家乡德克萨斯州所习惯的周六到周日。

除了尊重和体谅他人，还要重视他们给团队带来的价值。尊重他们的技能和工作。表达你的感激，用一种适合他们文化的方式！

开放

接受别人的想法，即使这些想法与你自己的想法不同。在一个复杂的世界里，接纳不同的思想输入会增强你的团队的洞察力。仔细倾听团队成员的意见，确保你在做出判断前，清楚地了解他们的逻辑。驳回一个想法是很容易的，因为它可能在你所在的地方不起作用，但是这些想法，却可能在你的团队成员所在的文化中，起到非常重要的作用。

诚实正直

对待他人要直接一些，尽可能公开和透明，尤其是在虚拟团队中，因为你不太可能在饮水机或咖啡机旁偶然遇到可以闲聊的人，了解更多的信息。相反，他们只能通过视频和音频会议、电话和阅读你写的东西来与你进行交互。要真实，避免不透明的日程计划。在处理问题时要诚实，哪怕没有旁人知道你在做什么。

公平与公正

公平地对待团队的每一个成员和你遇到的其他人，不带任何的偏见。重要的是平等、公正地对待人们，不管他们是否与你隔着千山万水，即使相比于那些处于世界各地的人们，你可能更了解与自己身处一地的人。平等对待每一个人，是建立信任的关键因素，我们将在下一章中深入探讨这一点。

我曾经是一个虚拟团队中的一员，在这个团队中，有一个人在澳大利亚，其他人在英国和美国东海岸。当我们举行虚拟团队会议时，对大多数人来说，交谈的最佳时间，正好是我们的澳大利亚同事基思（Keith）的深夜。我们没有期望基思每次都在半夜参加我们的会议，而是确保一些会议是在基思的白天办公的时间里举行，即使英、美团队成员感到不便。通过分担痛苦，我们展示了我们是如何公平对待每一个成员的。基思非常感激，觉得我们很重视他，并接纳他是团队的一员，同时也相信团队会关心和照顾他。

关怀和同理心

凡事都要为虚拟团队中其他人的幸福和快乐着想。花一些时间去理解他人，理解他们独特的视角和环境。善待和理解他们所面临的挑战，庆祝他们的成功。对他们的需求要保持足够的敏感度。同理心要求更高，不仅是理解和关心他人。同理心意味着体验他人的感受。当然，关心和同理心二者之间是有界限的，这两者都是好的，但是线上的潜伏和跟踪，却不代表关心，它只能让事情适得其反！

诺（Nuo）女士曾经想找我，说有话要对我说，但她看起来似乎有一点担心。她是我的一名远程团队成员，她本人住在新加坡。"我有一些消息，"她说，"我被提拔升职了，但遗憾的是我要离开这个团队了。我很抱歉。"诺知道，团队中的一个空缺职位会给我带来额外的麻烦，所以她担心我可能会不开心。我很高兴，祝贺她收获了她期待已久的晋升。我知道她工作有多努力，并且我也感到非常高兴，她曾经做出的一些成就，过去只有我认同，现在已获得更广泛的组织认可。

自信心

向他人表示你相信自己的能力、品质和判断力——在你的写作和团队会议中展示这一点。这将使你团队中的其他人感到他们可以依靠你，可以信任你。当然，确保你也树立诚信、真实和透明的榜样——如果你真的不相信自己，不要假装这么做！

承诺

向他人展示，一旦你同意做某件事情，你就会为此付出行动并交付成果。这意味着你会兑现你在会议中，或与团队成员一对一的对话中的承诺与行动。这种行为也将会给你的团队成员树立一种榜样。除了致力于行动，还要致力于团队成员。向他们展示，一旦他们成为你团队的一员，你就会全力支持他们，并在当他们需要的时候，陪伴在他们身边。

友好、平易近人

与人一起工作，要好交往，好相处。在面对面的团队中，这可能比那些团队成员分散在世界各地的团队更容易做到！当人们在不同的地方时，你不能一起出去喝酒或吃饭，甚至在办公室喝咖啡和聊天，所以在虚拟团队的工作会议之外，创造社交互动，需要更多的创造力与想象力。

许多年前，当我在玛仕公司，也就是M&M@咖啡豆的生产商工作时，我是一个虚拟团队的成员，该团队由分布在四大洲的8个人组成。我们每年至少见面一次，我们定期通过视频会议见面。我记得我们是如何安排将一包M&M@巧克力豆送到每个视频会议地点的。会议开始时，我们讨论了我们每个人更喜欢哪种颜色的M&M@，然后我们一起吃掉自己手上的那些美豆。

感恩互惠

要学会感恩互惠，多练习给予和索取。这种感恩互惠的行为，应当成为一种标准的团队行为。恰尔蒂尼（Cialdini）教授在人类心理学方面的工作表明，在说服他人时，互惠是非常强大的一种力量（恰尔蒂尼，1984）。这是影响他人的一种自然方式，他们会更有可能对你做出反应。在世界各地，人们都会感恩，回报大自然给予他们的恩惠。用感恩互惠行为打造你的团队，培养团队的习惯，你会发现团队成员之间的联系会越来越强，即使他们在地理位置上相距甚远。

耐心

当事情被耽搁或出现问题时，不要太过焦虑或生气，要从容应对。这真的很有帮助——你不能像在同处一地的团队中那样，从一个团队成员那里轻松找到问题之所在。当技术出现问题时，事实上经常出问题，是需要一点耐心的。对于虚拟团队工作，最好为这类情况留出一些额外的缓冲时间，可能会很有价值。

如果你发现自己在处理一些超出你能力范围的问题时，也不要惊慌。以下是一些如何摆脱对技术问题的心理阴影的技巧 [史密斯（Smith），2015]，这些技巧同样适用于虚拟团队工作中的许多其他问题。不要屈服于恐慌，做一下深呼吸，保持冷静。这是一个绝佳的机会，让你清晰地思考问题并找到问题的解决方案。承认问题并陈述问题，先尝试用第一个方案来解决这个问题。如果成功了，太好了！如果没有，试试你的后备计划。一旦问题解决了，你就可以思考出了什么问题，以及将来如何避免这种问题。

妥善应对模糊性

在我们这个复杂的世界里，对于发生的问题并不总是有简单易行的解决方案。相反，事情有时候是模糊的，接下来会发生什么有很多的不确定性。对我们大多数人来说，这让人压力很大。作为一名虚拟团队的领导者，你需要比面对面的领导者更能应对暂时没有明确答案的问题，因为你不能马上和你的团队成员讨论问题。

你不会总是知道你想知道的一切。你的团队也不会了解和知道所发生的一切。没关系——这需要你和你的同事作为一个团队来共同解决问题，并想出最好的解决方案。

勇气

如何应对我们这个复杂的世界，另一个必需的态度是勇气：去询问、去挑战、去做正确的事情。有时候，退让和选择什么都不做，可能更容易。旧的做事方式并不总是奏效，尝试新事物和寻找新的工作方式往往需要勇气。作为一名虚拟团队的领导者，你可能会遇到你和你的组织从未预见到的情况。出现的一些情况，可能会对其他地域的团队成员产生影响，因为他们的工作地点不同，环境和条件也不同。你该怎么办？前方没有清晰的道路。通过激发你的勇气，你将会做出选择，直面不确定性，挑战现状，找到新的前进道路。

勇气通常与超人般的胆量联系在一起。但是虚拟团队的领导所需的勇气，并不像钢铁一样的坚硬。它更多的是一种心态和选择，去做需要做的正确的事情。凡事结果导向，才能让人去做一些不同的事情。勇气意味着克服挑战和恐惧。

在虚拟世界中，许多人都特别需要勇气。对一些人来说，对着摄像机说话是非常具有挑战性的，尤其是当他们做视频录制的时候。

但是我们知道，视频的使用让我们接触到比仅仅使用音频更加丰富的通信媒介。可为什么这么难？似乎有些人就是不喜欢和机械设备说话，而更愿意和人说话。一些人注意到，当他们看自己的录像重播时，他们是多么紧张。也许你也经历过这种事情？你有没有注意到紧张的身体和颤抖的声音，没有表情的脸，或者自己看起来明显缺乏活力？

对于上面的这些问题，我们能做一些什么呢？这里的关键是考虑镜头之外的人，我们是通过镜头对人讲话，而不是在对着镜头讲话。虽然你不会像面对面与人交谈时那样总是得到即时的反馈，但记住你是在与真实的人交谈。记住你为什么要这样做，而不是要为难自己。想象一下，你正在准备一个简短的视频来欢迎人们加入团队，并解释他们如何使用不同的工具来相互交流。当你录制视频时，把焦点从你和你的紧张情绪，转移到那些你会通过这段视频帮助到的人身上。这改变了一切，不是吗？最后一点提示：微笑，尤其是在开始的时候！人们在几秒内就会形成第一印象，一开始就看到微笑，会让事情进展顺利。

热情

在应对虚拟团队领导的挑战时，热情至关重要。如果你表现出热情，就表明你关心团队和团队所做的工作。你要展现出你对任务和人都感兴趣，并且渴望和你的同事一起做好工作。热情意味着全身心地投入所要做的事情，并且充满激情和责任感。热情很吸引人，他会给整个团队都带来积极的氛围。

好奇心

是什么让人们一直着迷？每个团队成员的动力是什么？什么真正激励了他们？如果我们尝试新事物会发生什么？一切皆有可能吗？好奇心是一种强烈的渴望，迫切想学习或了解一些新事物。作为虚拟团队的领导者，这意味着要对虚拟团队的成员感兴趣，愿意探索一起进行合作的各种可能性。我猜想，任何阅读这一章的人，都会对虚拟团队的领导力感兴趣，并想知道实际的策略可能是什么，对吗？

倾听

积极倾听团队成员的意见，有助于让团队成员感觉到他们的意见会得到重视。这不仅仅是用耳朵听。中国人有关听的符号，包括你的耳朵、你的眼睛、你的注意力和你的心。你总是这样倾听吗？你完全专注于倾听吗？作为虚拟团队的领导者，即使团队成员可能看不到你在倾听，但他们确实能够感知到，你什么时候在听，什么时候没有像你应该的那样专心倾听。

计划性

作为一名虚拟团队的领导者，你需要有计划性，或者至少要致力于变得有计划性。有太多的信息需要你去处理，也有太多不同的人需要用不同的方法，用不同的技术去应对。凡事有计划性，这是关键。

压力之下保持镇静

在正常的情况下，与远端线上的同事一起，以积极和支持性的方式合作并不是一件困难的事情。然而，当人面临越来越大的压力时，就会发生一些生理反应，会因为荷尔蒙水平的升高，而产生攻击或逃跑或麻木的反应。虽然这对我们的史前祖先来讲非常有用，但作为虚拟团队的领导者，我们不太可能在工作中，像动物掠食者那样，选择攻击或逃跑的策略！但是，额外的荷尔蒙可能会让我们远离友善的状态，会让我们在与他人合作时，处于一种不那么友善的状态。施瓦茨（Schwartz）先生做了一个小试验，对一个面对面团队的主持人进行了测试。他注意到，在压力足够大的情况下，几乎所有人都经历了一件有趣的事情。被称为"单边控制模式"的方式行事 （施瓦茨，2002）。你自己可能也经历过这样的情况，我知道我自己有。我发现，在压力大的时候，我原先支持团队实现其成果的动力消失了，取而代之的是一种非常强烈的生存愿望，不管付出什么代价。我把我的想法藏在心里，没有征求任何人的意见。我已经被迫进入了一种"非输即赢"的心态。那种状态真的很不好！

虽然召开一场虚拟线上会议，与召开一个一群人在一起的面对面会议不太一样，但同样面临很大的压力。在压力下，不受欢迎的单边控制模式就会出现。对我来说，当远程会议变得困难时，我知道我会不由自主地烦躁起来，直到最后，只是为了发泄自己的情绪。然而，只要我能意识到这是正在我身上发生的事情，我就能及时加以制止。我注意到压力正将我推向一种无益的状态，即"单边控制模式"。我可以选择更换一种状态。施瓦茨称这种替代状态为"相互学习模式"。在这种相互学习的状态下，我没有进一步烦躁，而是开始测试我的假设。我与他人分享我的信息，并从他们的角度询问他们不同的信息。我解释我为什么要提出我的建议，并且，我们将一起建立一条共同前进的道路。我问别人问题，也提出自己的想法。我关注每一个人的利益，而不是他们阐述的立场，尤其是在有分歧的情况下。如果我们需要做出决定，我会选择一种让每一个人都认同和参与的方式。所有这一切，对于提升虚拟团队的参与度都非常有用，所以我会做出积极的选择，保持这种状态，尤其是当事情变得紧张的时候。在这种情况下，我会告诉人们事情是否按计划进行。我会在接下来的会议中征求建议——所有这些都需要勇气，但同时也需要我发挥领导作用，并与团队其他成员一起分享信息。

作为一名虚拟团队的领导者，要想服务好你的团队，取决于你在多大程度上愿意公开和透明，帮助团队构建一种相互学习的模式。

｜我是谁？

成为一名高效领导者的关键是自我认知：了解你是谁，知道什么让你有激情。这意味着发挥自己的优势，克服自己的弱点；这意味着你了解自己的性格，并在他人的帮助下，了解你自己的偏见和盲点；这意味着发展你自己，以便你在所处环境中，尽你所能做到最好。

你如何了解真正的自我？许多人在工作中总是躲在一个面具的后面，很少展现真实的自我，所以找到真实的自己需要付出时间和努力。你自己的优势和劣势是什么？寻找潜在优势的一个有用工具书是《发现优势2.0》［拉斯（Rath），2007］，其中包括对潜在优势和才能的在线评估。我在做导师时，会帮助学员使用这个工具。非常有意思的是，我发现大多数人对自己弱势的了解，胜过对自己优势的认知。在评估中，我发现了自己的3个优势：战略、赋能他人（让人们从优秀走向卓越，而不是从平庸走向良好）和沟通能力。人们经常低估自己的优势，错误地认为，对他们来说一些非常容易的事情，对其他人也同样容易。停下来做一下评估，了解你所做的事情是每个人都能容易做到，还是属于你的独特的个人优势，这是非常有价值的事情。

除了你的优点，你的缺点是什么？为了有效地与人合作，你需要团队中其他人的帮助吗？评估所有这些优势与缺势，需要你深入挖掘自己的内心并反思过去。然而，你无法充分分析自己。与了解你的其他人核对一下——他们认为你的优势和劣势是什么？他们发现了什么冲突和盲点？考虑别人给你的反馈意见，你会如何调整你的初步评估结论？

自我的另一个方面是你的个性。许多企业和组织使用个性特征分析工具来帮助人们了解他们自己的个性类型，以及他们与其他团队成员的相似之处和不同之处。当你试图了解自己时，这些工具会非常有用。

| 我如何改变和提升自己？

"太多的人把领导力行为和领导者区分开来。他们认为领导力是领导者所做的事情，而与领导者本身是谁无关。如果我们想与别人相处时更有效，我们首先需要对自己更有效。"［拉巴尔（Labarre），1999］你是否注意到成为真诚的领导者这个话题又回来了？了解自己，包括优势和劣势，并运用这些知识，将会帮助领导者成为一个更有效的虚拟团队的领导者。

反思是改变和发展的一个重要方式，通过回顾与总结，你将会思考如何应用你的所学。这就是为什么这本书，在每一章的末尾，都设计了一些问题来帮助你停下来思考你所读的内容。反思需要时间和心力放慢速度，停下来做一些思考，然后再投入行动。然而，我们在快节奏的世界里，似乎没有时间放慢脚步。停下来做一下反思，是一个很好的选择。倾听别人和你自己：他们有什么要说的？你可以从中学习到什么？思考一下，你如何才能发挥自己的优势，弥补自己的缺点。反思可以帮助人们直面恐惧，做一些他们原本不会去做的事情。好的领导者总是善于反思，不断与时俱进，不断改变自己。

反思练习

21世纪的生活节奏大部分都很快。所以，在当今世界的许多地方，停下来反思是不被大家接受的。以下是一些建议，期望对你有帮助。

- 花一些时间，让自己安静下来。有一些人觉得冥想很有帮助。其他人觉得祈祷很有用。还有一些人发现在大自然中慢慢行走，有助于他们放慢速度、停下来反思。不管它是什么，不管它对你有什么作用，为什么不把它写进你的日历，让这些事情更容易发生？

- 另一种思考方式是每天写日记。有些人要写三页纸，早晨起床的第一件事，就是写作，为了写而写，不要想太多。其他人会花时间思考一整天发生了什么，并写下他们的想法。这是另一种反思的方式。

- 我总是告诉人们，最有效的技巧之一是定期反思。我要求学员每周在线上空间课堂，回答5个问题。我问他们：

  — 你最大的成功是什么？

  — 你最大的挑战是什么？

  — 反思你过去的一周，三四行文字即可。

  — 在接下来的7天，你要实现什么？

  — 你现在需要我的什么帮助？

  这有助于人们回顾他们的一周，并在接下来的7天里，做出更好的改变。知道有人会阅读他们的反思并支持他们，似乎可以帮助他们做出更好的改变。

  无论你做什么，让反思成为一种新习惯。如果你经常重复某事，最终它将会成为你的第二天性。

我们需要从成功的做法中学习，更重要的是，也要从失败的做法中学习。反思帮助我们在更深的层次上学习。人们往往专注于改善他们的做事方式，关注他们的策略和行为，这是单循环学习。反思帮助我们获得更深层次的学习，这是双循环学习。双循环学习可以帮助我们追溯到更深的地方，挑战我们的假设、信念、心智模型和我们自己的核心身份。请参见图2-2，了解这一点。

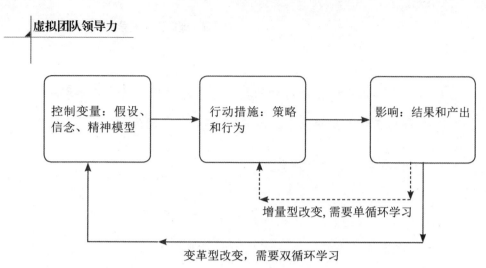

图2-2　单循环与双循环学习模式

▍我的虚拟身份是什么?

在面对面的会议中,人们能看见彼此。当你走进会议室时,人们会注意到你的外貌、性别、种族、年龄,以及你是哪个时代的人。所有这些都是他们记得你的关键部分。它们是你身份的有形部分。然而,当你在虚拟环境中工作时,新同事无法像面对面那样容易地了解你身份的这些方面。虚拟会议中的人需要更加努力地寻找,才能获取你是谁这一线索,而不是扫视整个房间。当然,他们仍然能听到你的声音。你的口音可能会显示你的身份,你的声音可能会传达你的性别和年龄。如果你使用头像照片或分享视频,他们会看到更多,但仍然比面对面看到的信息少。下面,我们研讨身份的不同方面,这些如何影响他人对你的认知,以及你如何选择适当的方法,呈现你的虚拟身份。

彭妮·普兰是谁？

当人们面对面遇见我时，他们看到一个40多岁的金发女人（也许有几根灰色头发）中等身材，体格结实。我的眼睛是蓝色的，我有雀斑。我选择穿适合我工作环境的舒适衣服，但只穿平底鞋，因为我经常一整天都站着。不像我的许多客户，我不穿黑色的衣服。

当人们在电话会议上遇到我时，他们什么也看不见。他们能得到什么结论呢？可能印象最深的是我的英国口音。但来自世界各地的人们告诉我，他们可以很容易地听懂我说的话。也许这是因为我曾在世界各地生活过。我说话缓慢而清晰。我没有浓重的地方口音。大多数人都知道我是女性，尽管我的声音不是很高。如果我被介绍为彭妮·普兰博士，这将使大多数人都了解到我的教育背景。

我想知道到目前为止，你在阅读这本书时，注意到了我身份的哪些方面？我确信一些更无形的方面已经出现了。也许你注意到了我对学习和发展的关注，以及我对变革的兴趣。还有什么？只有你能回答！

近年来，过去研究世界偏远地区土著部落的人类学家已经开始将同样的工具，应用于研究虚拟工作的新世界。其中之一就是普里雅·E.亚伯拉罕（Priya E.Abraham），我们将在本章和下一章中，运用她的一些关于虚拟世界中身份问题的观点。

你有形的身份

你身份的有形部分，是那些可以立即察觉，并且可以用肉眼看见的。

包括以下方面（亚伯拉罕，2015）。

- 外表：你长什么样。

- 种族：可能包括国籍、文化、血统、信仰、语言。

- 年代：你的年龄和更多其他信息。

- 性别：你是男性，还是女性。

许多这些特征，在面对面的会议中是可以立即看到的，但对虚拟会议来说，则并不那么清晰。如果你明天和我一起参加一个电话会议，我就见不到你了，我将不得不依靠你的语音、语调，可能还有你的名字来寻找关于你的种族、年龄，有时甚至关于你的性别的线索。这对虚拟团队领导者可能非常有用。你可以考虑你身份的哪一些要素，对你领导的团队非常有用，并选择性地将他们展示出来，而不是立即暴露自己的全部信息。一些关于身份的无形的方面，我们将在下面讨论。

你无形的身份

你身份的无形方面，是那些人们不能立即看到的。它们随着时间发展，比有形的要素更难辨别。其中包括以下方面（亚伯拉罕，2015）。

- 健康：身体和心理健康。

- 移动性：自己的身体移动性，是否在世界各地移动，以及对移动技术的使用。

- 社交能力：除了工作之外，你与他人的休闲活动，你的人际社交网络。

- 沟通：你的沟通风格和偏好。

- 地缘政治：政治、地区、气候、历史是如何塑造你的身份的，以及你与人打交道时如何应对差异。

- 对学习的态度：你对待学习和进一步发展的方法与态度。

- 就业能力：你的职业角色和所属组织在社区中的地位。

- 融入性：在工作中，在传统和虚拟两个领域，是否能很好地融入团队，具有社交能力和信息资源。

你如何将个人身份的这些方面融入线上虚拟团队的交流中？让我给举个例子。我在中东工作了很长时间，在那里，过去绝大多数妇女都是待在家里，而不从事任何工作。所以，我作为一个女人的身份，在那里可能会与我在我的国家不同。另外，中东人似乎非常重视教育，以及终身学习的承诺。因此，在与中东人的电话会议上，除了其他信息之外，我总是要求被介绍为"彭妮·普兰博士，几本书的作者"。我要将终身学习的无形身份放在首位。对于大多数新型的虚拟团队来说，所谓热情、友善和具有包容性，其意思是在一开始，就要让人不仅知道你的有形身份，而且还要知道你的无形身份。

▍虚拟团队领导力的环境

在线工作时，通常不需要一个特定的地方，除非你需要使用高端视频会议室。因此，你可以选择一个合适的环境，让你成为一名最佳虚拟团队的领导者。也许你不会只选择一个地点，而是在不同的地方工作，这取决于你需要完成的任务。也许你会在墙上贴上鼓舞人心的海报。也许不会！不要太过老套，只做你一直做的事情——找出支持你成为最好的领导者的影响因素，然后利用虚拟工作的优势，创造一个适合你的环境。你的环境不仅仅是物质上的。对你来说，还有什么比发挥最佳状态更重要？

乔安娜的价值观和虚拟团队领导力的故事

乔安娜·皮特（Joanna Pieters）是一位伦敦的企业家。2014年，她面临一个两难境地，这让她的价值观受到了考验。她很忙：即将与另一家公司合作推出一个新产品的项目，但是此时乔安娜还没有为她的"卓越招聘"在线项目创造出所有的内容，该项目旨在帮助小企业解决招不到人或招聘不善的问题。正当她的工作量越来越大的时候，乔安娜听到了一个坏消息：她的父亲生病住院了，情况不妙。乔安娜想照顾她的父母。但与此同时，她有许多工作要做，她要履行承诺，对她的商业伙伴和所有投资她新产品的人负责。她两样都不能放弃，可她又怎么可能两者兼顾呢？

这是一个充满挑战的两难情景？当然！具有讽刺意味的是，乔安娜的产品是关于使用临时在线工人来帮助发展小企业。因此，她决定将自己的产品应用于现实，她在48小时内招募了一个团队，她将自己不必做的一切活动外包给他们。乔安娜的虚拟团队成员遍布世界各地，从英国的汉普郡到菲律宾、塞尔维亚、加拿大和印度。乔安娜能够在她父亲生命的最后几个月里，一直陪伴在他的床边。她的产品也按时交付。乔安娜告诉我，产品质量可能比她事先计划

的还要高。她的商业伙伴也对结果很满意。

那么，乔安娜有一些什么样的建议，能够帮助到那些需要与虚拟团队合作完成任务的企业家呢？她和我分享了下面的一些经验。

- 搞清楚你想要什么，不想要什么。乔安娜为每项工作任务创建了详细的计划清单，内容涉及结果的定义和需要使用的流程。

- 招聘人员时，动作要快，并通过简短的试用来验证他们是否能够胜任工作。比如，乔安娜会要求未来的音频编辑做一个两分钟的录音样件，而对于其他任务，她也建立了清晰的评判标准，这样她就能尽早发现问题。她在广告中包含了具体的说明，然后只考虑雇用那些严格遵守说明的人。

- 在时间压力下，当与新团队一起工作时，用"星形"结构直接管理团队中的人员会更有效。让自己作为通信枢纽，你会发现保持控制会更容易。它减少了误解的范围。（在乔安娜的例子中，各个团队成员不需要互相联系，因为他们直接为她工作。每个人承接的工作都是不同的，这是刻意安排的，因为线上团队会议会减慢工作的速度，而不会带来额外的好处。）

- 与不了解你或你的业务的人一起合作时，不要做任何假设。没有适当的支持，人们是无法交付工作成果的，因为对于一些自由工作者来说，除了你的工作之外，还有其他客户的工作，不同客户对同样工作的要求与做法，可能完全不一样。

> - 如果遇到挑战，而且肯定会有，就要立即将他们升级为团队的共同问题。要认识到，人们是愿意为你服务和把工作做好的，因此需要一起努力去面对并解决问题。允许人们就如何改进工作提出建议，并提出自己的想法。然而，如果有人仍然没有交付，那就要让他们快点走，去找一个更适合你需求的人。

你会注意到，虚拟工作的最佳领导风格，在某种程度上与具体的工作情景有关。乔安娜的项目周期短、压力高，更适合指令性的领导方式，与那些长周期的项目相比，每个团队成员需要相互配合和协同，其领导方式和风格是不同的。我将在下一章进一步探讨这一点，但无论如何重点是领导他人。

| 总结

这一章我已经讲了很多——从探索领导力是如何演变的开始，然后探讨了今天优秀领导力应该什么样，以及如何将领导力应用到虚拟工作和虚拟团队。杰出的领导者始于自我认知：价值观、心态、态度和行为。我们还探索了如何更多地了解自己，并发展成为一名虚拟团队的领导者，以及如何利用自己的个性和身份，在虚拟环境中更好地表达自己。

| 问题反思

（1）哪种领导方式最适合你领导的虚拟团队？你更喜欢什么类型

的领导方式？不匹配的时候，你会怎么做？

（2）你怎样利用目标、个人优势和自主权作为一个强有力的工具和激励因子，激发知识工作者的积极性？

（3）什么是好的领导力？你以前在哪里见过？这会给你自己的个人领导力风格带来什么影响？

（4）前文所提到的一长串领导行为和态度中，哪些是你天生的？哪些更像是一个挑战？你会怎么应对它们？

（5）作为虚拟团队的领导者，你觉得有什么压力？你如何应对压力？你如何从"单边控制模式"转向"相互学习模式"？

（6）你是谁？你的价值观是什么？你从这里学到了什么？

（7）你在自愿和非自愿两种情况下，会向虚拟团队成员展示哪些有关你身份的标识？哪些身份标识有助于你与团队成员达成一些原则共识？

（8）作为虚拟团队的领导者，什么是你工作的最佳环境？你怎样才能让你当前的环境更接近你的理想环境呢？

| 参考资料与延伸阅读

[1] Abraham, P（2015）*Cyberconnecting:The three lenses of diversity*, Gower Publishing Ltd, Farnham.

[2] Alphabet code of conduct https://investor.google.com/corporate/code-of-

conduct.html accessed on 7th October 2015.

[3] Avery, G（2004）*Understanding Leadership*. Sage Publications, London.

[4] Brake, T（2008） *Where in the world is my team?* John Wiley and Sons Ltd., Chichester.

[5] Caulat, G（2012） *Virtual Leadership:Learning to lead differently*, Libri Press, Faringdon.

[6] Chamorro-Premuzic, T（2015）[accessed 2 November 2015] What You Think Makes a Good Leader Probably Doesn't [Online] http://www. fastcompany.com/ 3051525/what-you-think-makes-a-good-leader-probably-doesn't.

[7] Cialdini, R（1984）*Influence:The psychology of persuasion*, Collins, New York.

[8] Coats, K and Coddrington, G（2015）*Leading in a Changing World:Lessons for future focused leaders*, TomorrowToday Global, Johannesburg.

[9] Hall, K（2007）*Speed Lead:Faster, simpler ways to manage people, projects and teams in complex companies*, Nicholas Brealey Publishing, London.

[10] Kouzes, J and Posner, B（2011）*Credibility:How leaders gain and lose it; why people demand it*, 2nd edn, Jossey-Bass, San Francisco.

[11] Kouzes, J and Posner, B（2012）*The Leadership Challenge*, Jossey-Bass, San Francisco.

[12] Labarre, P（1999）[accessed 2 November 2015] How to be a Real

Leader, Interview with Kevin Cashman [Online] http://www.fastcompany.com/37235/ how-be-real-leader.

[13] Loehr, A（2014） [accessed 17 September 2015] How to Live with Purpose, Identify Your Values and Improve Your Leadership [Online] http:// www.huffingtonpost.com/anne-loehr/how-to-live-with-purpose-_b_5187572.html.

[14] Pavlina, S（2004） [accessed 2 November 2015] List of Values https://www.stevepavlina.com/articles/list-of-values.htm.

[15] Pink, D（2011） *Drive:The surprising truth about what motivates us,* Cannongate Books, Edinburgh.

[16] Pullan, P and Archer, J（2013） *Business Analysis and Leadership:Influencing change*, Kogan Page, London.

[17] Rath, T（2007） *Strengths Finder 2.0*, Gallup Press, Washington DC.

[18] Schwarz, R（2002） *The Skilled Facilitator:A comprehensive resource for consultants, facilitators, managers, trainers and coaches*, Jossey-Bass, San Francisco.

[19] Settle-Murphy, N（2013） *Leading Effective Virtual Teams*, CRC Press, Boca Raton, FL.

[20] Smith, R（2015） [accessed 1 October 2015] Escaping the Despondent Pit of Techno-Despair, *Grove* [Online] news.grove.com/?p=8203.

[21] Tamkin, P, Pearson, G, Hirsch, W and Constable, S（2010） *Exceeding Expectations:The principles of outstanding leadership,* The Work Foundation, London.

第3章

与他人在线合作

本章着重探讨如何与他人合作。它扩展了第2章中讨论的内容，并将它们应用于实际，如何在线上工作中与他人建立关系，找到共同点，有效地与他人合作。在这一章中，我会探讨信任在虚拟团队中的关键作用，以及如何发展信任。我还将着眼于虚拟团队的结构和规模，以及如何让它们与工作需求相匹配。我还会介绍如何建立成功的虚拟团队，以及如何接管现有虚拟团队的领导权。你会发现一系列实用的工具和策略，帮助你做好虚拟团队的管理与合作。最后，我还会分享两个扣人心弦的虚拟团队工作的故事。

本章为后面的内容奠定了基础，内容涉及如何使用技术（第4章），如何召开有效的虚拟团队会议（第5章），以及如何做好会议之外的工作管理（第6章）。

通过阅读本章，你将了解：

- 当你开始熟悉并与虚拟团队成员一起合作时，你需要了解哪些方面的重要事情？

- 信任是如何运作的，在线上层面有3个环节，分别是个性、自我认知和制度流程。

- 虚拟团队的3个变量：规模、结构和复杂性。

- 如何创建一个虚拟团队，是从头组建一个新团队，还是接管一个现有团队。

- 虚拟团队如何发展，包括团队绩效管理模型等细节。

- 各种策略和工具，帮助你更好地领导团队。

- 如何关闭一个虚拟团队，有哪些关键步骤。

本章思维导图如图3-1所示。

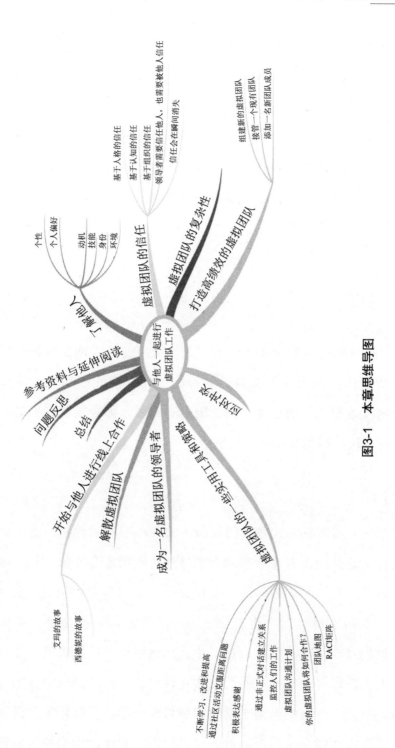

图3-1　本章思维导图

要成为一名优秀的虚拟团队领导者，首先要领导好自己。这涉及我们在第2章中提到的领导心态、思想与行为，以及你个人的身份。在线上与他人进行虚拟合作有多个不同的场景，从一次性的会议（很少有机会了解每个参与者），到全程参与的长时间的虚拟团队项目（有时间与每个人发展深厚的关系）。在这两个极端之间，你可能属于一个或多个虚拟团队，也许你还属于一个面对面工作的团队。哪种场景更适用于你的情况呢？

了解他人

你独特的虚拟领导模式应该不是一成不变的，而是取决于所涉及的独特个体。每个人都有自己独特的个性、偏好、动机、技能和身份，以及他们工作的环境。由于距离的关系，你会发现你们之间的差异。现在让我们考察其中一些差异。

个性

团队中通常有各式各样的人和各式各样不同的性格，当人们不理解是什么让其他人有激情和动力的时候，就可能会导致误解。内向和外向就是一个例子。内向的人喜欢独处，他们喜欢待在一个安静的地方，并获得能量，通常更喜欢一对一的谈话，而不是更大的小组会议。他们可能只有在思考之后，才会开始行动并做出贡献，这意味着内向的人，通常会有很好的想法和建议，但可能在会议中并不会表现出来。另外，外向的人则更喜欢和别人在一起，从群体中获得能量。外向的人很可能会在思考之前就提出他们的想法。他们经常流露出热情和活力。

有很多种有关个性测试的工具，如迈尔斯·布里格斯（Myers Briggs）的MBTI评测，它有助于了解虚拟团队成员的不同性格偏好。这些评测结果让人们能够更好地了解性格之间的差异性，以及相互之间如何更好地了解与合作。

个人偏好

人们在其他方面也会有不同的偏好，包括以下方面。

- 与团队沟通。确保你知道人们的交流偏好，询问他们想得到什么，以及如何得到。下面是一些需要考虑的事情：

  — 他们更喜欢接收所有细节的信息，还是更喜欢一个概要式的？他们更喜欢打电话来解决问题，或是以书面形式交流信息？

  — 他们如何处理信息？什么情况下做得最好？他们倾向于视觉、隐喻、文本、一对一会议、电话、录音还是大型会议？

  — 他们希望拥有选择权，还是只要告知所做的决定即可？

  — 他们更喜欢用什么语言工作？什么适合他们的文化？

  — 他们倾向于在进行下一步行动之前得到全部信息，还是期望行动更快一点？

- 工作时间。它们是喜欢早起，还是做夜猫子？他们更喜欢在当地的标准时间工作，还是可以灵活适应团队？他们只愿意在自己的办公时间内被联系，还是随时都可以？

- 技术。他们更喜欢用什么工具？什么工具让他们觉得最舒服？有些人，尤其是年轻一代，对即时消息和协作工具感到满意，而另外一些人，更喜欢在电话上一对一进行交谈。

动机

对团队的每个成员来说，什么是重要的？他们感兴趣的是什么？对一些人来说，如果能够关心他们的孩子，将会产生重大影响。而对于另外一些人，他们更喜欢把家人当做隐私，而不期望在工作中讨论他们。

你还记得第2章激励知识型员工的3个要素吗？他们生活的目的是什么？你们一起所做的工作，如何帮助他们实现他们的目标？他们想掌握什么，想发展什么真正有用的技能？你怎么能给他们所期望的自主权？找出团队成员动机的方法是去询问他们。与他们一起探讨，作为团队的一员，他们到底想要实现什么。

技能

作为虚拟团队的一员需要什么技能？对团队成员的技能需求与团队领导者所需的技能非常相似。虚拟团队工作者应该能够以书面和清晰的语言进行有效的交流，因为书面文字和音频构成了线上交流的很大一部分。倾听也是关键，因为他们需要掌握别人在说什么，或许还有别人没有说什么。吐字清晰很重要，这样别人就能在电话里听清楚你在说什么。

虚拟团队员工应该愿意分享信息，而不是囤积信息、隐藏信息，这样其他人就可以在他们的工作基础上继续工作。他们需要自律和自我激励，这样就不需要领导者持续的监督。他们必须能够使用与你交流的技术工具，并且愿意学习和掌握它！当然，最重要的是，每个虚拟工作者都需要有适合自己角色的技能，不管他们是远离同事工作的软件开发人员，还是为创业型企业工作的文案人员。

身份

还记得第2章中介绍的有关一个人身份的不同方面吗？身份有4个突出的显性要素，可以很容易就看到：外貌、种族、年纪和性别。另外还有8个隐形因素，它们较难被发现，并且可能随着时间的推移而改变。这8个隐形因素分别是：健康、流动性、社交能力、沟通、地缘政治、终身学习能力、融入性和就业能力（亚伯拉罕，2015）。我们探讨了这些问题，并建议每个虚拟领导者都应该很好地理解这些问题，知道如何强调自己身份中的哪些方面，以便更好地与团队中的其他成员建立连接。在虚拟工作中，显性的身份识别元素不如在面对面的工作中那么明显，这就需要我们能够利用自己身份的隐性元素来加强与其他人的联系，以构建共同的基础。

除了为我们自己的团队成员搭建桥梁，我们还可以利用身份的各个方面来帮助不同团队之间的合作，让不同团队的团队成员之间进行有效沟通与合作。要做到这一点，就需要在团队成员身上，找出他们类似的地方，尤其是那些无形的、隐藏的身份元素。例如，如果你发现你的团队成员热衷于终身学习，那么你可以进行互相分享，让大家进行书籍推荐的活动。也许有一个成员已经完成了在线课程，并发现它真的很有用，那么他可以让别人也知道这件事情。他们甚至可以互相帮助获得专业证书。即使团队成员分布在世界各地，但我们可以利用大家都是终身学习爱好者这样的一个共同点，搭建一个桥梁，成功跨越差异。

为什么对虚拟团队来说寻找共同点如此重要？你可能会认为多样性是一件好事，为团队带来了更广阔的视角。这是对的，但是问题在于，人类倾向于将他人归类，最好与自己属于同一个群体，即群内，或者不同的群体，即群外。社会心理学的研究发现，人们将群内人视为一个多样化的群体，并对他们表现得更友好。另外，人们认为圈外人比圈内人更各色，并对群外的人表现得不那么友好。误解和偏见往往会阻碍良好的关系的发展，并最终妨碍相互之间的合作。

在一个信息爆炸的世界中，模式化或刻板印象（Stereotypes）具有一定的价值，可以作为工作的一个起点，虽然它有时候会把事情简单化。但是将刻板印象观念应用到团队成员身上则可能是无益的，并且会导致一些偏见。你将如何帮助团队成员克服他们对其他同事，甚至是对你的刻板印象，或说成见？

要改变你对人的最初反应可能需要一段时间。你可以这样做，问自己一个问题，"我为什么会这样看待他们？"（亚伯拉罕，2015）。如果你意识到自己的偏见，随着时间的推移，当与对方建立起一些信任后，你对他人的看法就会变得更加准确。当你观察他们的行动并与他们合作时，你将建立和发展与每个人的关系。观察、记录你所看到的，进一步倾听和思考，这会帮助你更好地理解他人。

作为一名虚拟团队的领导者，要在团队中营造一个积极的氛围，让人们能够自由表达自己的思想。仔细倾听，同时也鼓励他人认真倾听。要不断提升和发展个人的人际交往技能。在与人交往中，要使用不同的沟通策略，创造一种团队的归属感，同时尊重群体的多样性。通过鼓励人们进行非正式对话、分享故事及合作，建立相互的关系与信任。

环境

虚拟工作的环境对人们之间的相互合作有相当大的影响。亚伯拉罕用她的"环境镜头"进一步探索了虚拟工作环境的问题，这与人们所熟悉的在一个地方面对面工作中的情况完全不同。她特别提请要注意以下几个方面。

- 人种：从大方向上去观察身份和种族，不要带个人偏见。

- 理念：关注影响周围环境的政治、意识形态和权力情况。

- 媒体：考虑每个人周边所面临的媒体情况，无论是传统媒体还是新技术媒体。

- 技术：关注技术领域相关情况。

- 财务：考虑相关的财务背景情况。

亚伯拉罕认为，围绕这些不同领域的知识、技能和行为，综合考虑他们，将有助于寻找团队的共同点并分享团队之间的相互经验，让团队更好地合作（亚伯拉罕，2015）。

▎虚拟团队的信任

在虚拟团队同事之间建立信任，要比面对面的团队花费更长的时间。作为一个虚拟团队的领导者，你不能假设，一旦团队有了信任，信任就会一直存在。信任可能会在某个时候毫无预警地消失。

当人们在一个地方一起工作时，他们会相互了解彼此。他们可能讲同样的母语，拥有相同的文化。当他们在一起工作时，他们会有很多时间互相交往，互相了解，从而建立信任。他们很可能在咖啡机或饮水机旁偶遇，并进行一次愉快的对话。

现在让我们考虑虚拟团队的一些情况。对虚拟团队来说，没有共享的咖啡机或饮水机，他们缺乏偶遇的机会，所以与在同一地点工作的人相比，他们建立社会关系和集体感的机会大大减少了。这些关系非常重要，因为信任是帮助虚拟团队形成良好工作关系和取得工作成果的重要基础。

让我们进一步探索信任问题。人们对信任的意识是从他们最早的经历中建立起来的。我们往往通过自己的亲身经历建立信任感。如果人们在一开始就满足了我们的需求和期望，那么我们就知道，这些期望和需求很可能在未来也会得到满足。在学校，以及后来在工作中，我们体验到同学和同事是如何对待我们的。多年来，我们在大脑里存储数据，并以此决定我们如何评判他人的可信度，即使是小孩子也希望生活是公平的。当我们长大后进入职场时，我们也会注意到工作中那些平等或不平等的现象。这些构成了信任的不同层次，包括基于人格、基于认知和基于组织的3个层次。托马斯·怀斯（Thomas Wise）在他的著作《虚拟团队的信任》（怀斯，2013）中探讨了这些层次，以及它们在虚拟环境中是如何工作的，我将依次探讨这3个层面。

- 基于人格的信任。

- 基于认知的信任。

- 基于组织的信任。

这3个层面的信任结构模型，如图3-2所示。

图3-2　关于3个层面的信任思维导图

资料来源：怀斯（2013）。

基于人格的信任

在我们开始工作之前，我们的个性就已经被确定下来了，这是由我们独特的经历及我们周边的人和事决定的。如果人们的行为一致，就意味着更有可能预测他们对事情的反应，我们对他们就会有更多的信任。我们也会更信任那些和我们关系良好的人。这种基于人格的信任基于3种情况：感知到的可信度、人们行为的一致性，以及与当事人之间的人际关系的好坏。

对于什么是信任，每个人都会有自己的看法和理解，也有权利决定自己是否信任他人。作为一名虚拟团队的领导者，你不太可能改变这一点！但是你可以帮助人们建立信任关系，更多地理解彼此的性格和行为。虽然在面对面的团队中，信任会随着时间的推移而自然发生，但在虚拟团队中实现这一点却需要付出超常的努力。

作为现实中的人，你的项目团队成员如何与他人建立彼此之间的关系，而不仅仅是靠音频通话中空空作响的声音？第一步，你可以为团队成员之间的开放式交流提供一个安全的环境，如果他们愿意，他们可以在工作主题外，建立其他方面的相互联系。即时消息有一定的帮助，但也会中断工作，对工作造成影响。当然，也不要忘记简单的一对一电话交谈。为了帮助发展关系，请多创造一些面对面交流的机会，或通过视频会议技术进行交流。像这样的共享团队体验，将帮助团队建立相互之间的信任。交流、互动和向他人公开信息，可以帮助建立一种强烈的归属感和集体感，并为其他类型的信任发展，奠定一个坚实的基础。

我的一个客户每两个月就会通过高质量的远程视频会议举行一次团队午餐。团队成员带着午餐一起吃饭，能够看到并听到他们的同事说话。除了工作，他们什么都谈。这有助于建立关系，从而建立对整个虚拟团队的信任。

基于认知的信任

基于认知的信任是我们根据从过去和其他来源收集到的信息，选择对一个人或群体是否信任。如果我们确定在将来我们会和这个人或团体一起工作，这种信任感似乎会更强烈。基于认知的信任来源于3个方面：对未来关系的期望、知识和经验。

要建立基于认知的信任，请记住，每一个人需要收集到足够多的信息，才能做出相互信任的决定。人们如何评估他们在项目中所需要的知识和技能呢？通过集体活动，可以增强团队的归属感。我建议你建立一个项目团队的虚拟空间，项目文档和很多东西都可以放在那里，与团队人共享。确保团队中的每个人都有平等的信息知情权，不管他或她来自世界的哪个地方，也不管他们是哪个组织的成员。也许你的团队空间可以分享每一个团队成员的故事、个人信息，以及他们以前的经历，以帮助每一个人与其他人建立信任。和你的团队一起规划你的团队空间，这样每一个人都能获得他们需要的信息。

当团队一起工作时，人们将开始建立一种感情，他们是属于一个团体的。通过建立共同的愿景和共同的目标，可以进一步推动团队的凝聚力。人们将收集彼此的优势和劣势信息，并对彼此的能力及如何更好地合作，有了更合理的期待。认知信任来自团队内的相互联系。

基于组织的信任

这一层信任关系关注的是与我们打交道的组织。从我们早年开始，我们就与学校、运动队、俱乐部和其他团体打交道。我们如何判断他们是否可信？公平对待每一个人和使用平等的规则显得非常重要。我们应该得到一致的对待，不因时间的变化而有所不同，这才符合我们的期望。基于组织的信任有三大要素：一致性、公平性和期望性。

在虚拟团队中，基于组织的信任很容易出错。你的虚拟团队有多公平？首先，如果你的团队成员分布在不同的国家，他们可能在就业方面就存在非常多的、不同的地方政策。年假就是一个例子。在美国，许多员工在一开始就有每年两周的假期；而在欧洲，这有可能是四五周。这种不平等是固有的，所以美国的员工会在他们的欧洲团队成员去度假而他们不能休假的时感到非常不公平。世界各地的工作时间和工作习惯差异很大，你不太可能改变它们。

运用你所拥有的灵活性，使事情尽可能公平和公正。这意味着将规则应用于每个人，并尽可能为团队成员创造一个公平的竞争环境。如果一个人必须在半夜起床参加团队会议，那么改变一下时间，困难可以在团队中平均分担。此外，你要表明你与人相处的方式是可以预测的。

一个非常常见的例子是综合型会议，在这个例子中，偏远地区的人们得不到平等的对待。有些人在一个会议室里面对面坐着，而其他人则是通过电话远程加入。我们看到的结果是：太多的时候，房间里的谈话变得活跃起来以后，电话那头的人就完全被遗忘了。他们听不太清楚谁在说什么，因为说话的人离麦克风太远了。更糟糕的是，房间里的人会在挂图或白板上写一些远端的人根本看不见的想法。拥有一条共享屏幕的电话会议设备肯定会公平得多。这将向远程参与者发出一个强有力的信息，即他们是平等的、有价值的团队成员，并将增加他们对领导者的信任。

组织信任的另一个因素是工作满意度。对工作中感到快乐和满意的人，可能会更信任他们的雇主。因此，作为一名虚拟团队的领导者，你可以通过工作满意度，让大家从工作中获得满足感，来平衡你无法控制的组织政策问题。

领导者需要信任他人，也需要被他人信任

在虚拟团队中，你不可能知道你的同事具体在做什么。即使你能看到他们在网上很活跃，你也无法判断他们是否在工作。所以，信任是必不可少的，在虚拟团队的所有成员之间，尤其是领导者和他们所领导的团队成员之间，必须拥有信任感。没有对团队成员的信任，虚拟领导者将无法把工作委派给他人，也无法给予他们工作的自主权。所以，要有意识地建立所有3个层级的信任关系：人格、认知和组织。随着虚拟团队中信任的发展，团队成员们越来越有可能提出困难的问题并向其他人提出挑战，以找到更好的工作方法。当压力增加时，一个互相信任的虚拟团队将会拥有更大的承受能力，更好地处理和应对一些不可避免的冲突。

作为一名虚拟团队的领导者，除了信任你的团队成员，你如何鼓励他人信任你？你可以在上面描述的各个信任层次上面，与人建立和谐的关系，确保公平性和行为的一致性。此外，请认真学习大卫·迈斯特（David Maister）的信任公式（迈斯特，2001）。这个公式告诉了你如何提升个人的信任度。兑现你说过的话会让他人信任你。对人要友好。记住，如果你给人的印象是，只对自己感兴趣，这毫无疑问会损害他人对你的信任。迈斯特的信任公式是：

$$信任 = \frac{信誉 + 可靠性 + 友好}{以自我为中心}$$

信任会在瞬间消失

即便在团队中建立起信任，它也有可能迅速瓦解，使团队脱离正轨。在虚拟团队环境中，信任的破坏更难被注意，因为我们根本看不到信任崩溃的肢体语言，也看不太清楚。这真的是太难了，你怎么知道电话会议中的沉默是愉快的，还是存在深刻的分歧？你不能假设任何事情！

你如何解决问题？这不再是一个简单四处看一看，与他人快速聊一聊天就能解决的问题。即便人们的行为看起来有一点怪异，我也建议你往好的方面去想。问自己："这背后一定有什么隐情，为什么一群行为正直的人会那样行事？"如果你需要，直接挑战他们，要求他们遵守协议，按团队一起达成共识的方式工作。

> 几年前，我被一个经常迟到的线上同事惹恼了，他的行为越来越不合规矩。当我质疑他的行为时，我发现他的妻子患有乳腺癌，整个家庭都在艰难地挣扎，而且与此同时，化疗也带来了巨大的伤痛。我的愤怒立刻消失了，不满被一种同理心和要支持同事的欲望所取代。正如北美谚语所说，最好不要评判一个人，除非你穿着他的皮鞋走了一英里。

虚拟团队的复杂性

有许多不同类型的虚拟团队。有些人只为一个团队工作，不管是虚拟的，还是面对面的。大多数虚拟团队的成员工作在多个不同的团队中，有些是面对面的，有些是虚拟的，有时是领导者，有时是团队成员。有些人在虚拟团队的边缘活动，向这些团队提供专业知识。

　　让我们来探索一个虚拟团队的组成。如果工作目标清晰、重点明确且过程中的每一步都有详细的说明，输出物定义清晰，每一个人都是专家，那么团队成员之间就没有多少必要去相互交流。在这种情况下，领导者位于中心位置，扮演一个"星型"组织的领导者，对团队来说，这是有意义的［霍尔（Hall），2007］，如图3-3所示。它的形状像一颗以领导者为中心的五角星。每个小组成员只与领导者互动。乔安娜·皮特（Joanna Pieter）的团队就是这样的一个例子，在第2章有详细描述，如何把一群专业人士快速地聚集起来，创建一个预先定义的产品。这样的团队结构简单，而且往往合作的时间较短。如果你是这样一个团队的领导者，那么发号施令型领导风格，可能对你是有效的——相比之下，在更复杂的团队中，教练引导式的领导风格则可能更好。

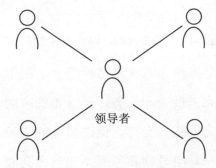

图3-3　一个简单的星型结构的虚拟团队

　　在一种更复杂的情况下，大家为着一个共同的愿景而努力工作，但是至于如何达成愿景，其路径并不明确。每个团队成员都需要和其他人互动。组长不再是中心协调员。这个团队是紧密联系在一起的，领导者扮演着引导师的角色，领导力很可能是分散式的，而不是聚集在某一个人的身上。合作可能会比简单的、单个明星团队持续更长时间，因此领导者需要投入时间，在每个人之间建立有效的工作关系和共同的基础。领导者需要花时间鼓励人们发展他们的技能。在这样一个网络化的团队中，相互之间的沟通与交流需要很多时间，这就是为什么他们有时被称为意大利面条团队（spaghetti teams），如图3-4所示，这表明每个成员都与外界有很多联系（霍尔，2007）。

领导者

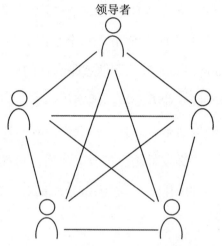

图3-4　一个复杂的、网络化的虚拟团队

我辅导过的一个虚拟团队就是这样的一个例子。大家在一起合作一个项目，开发自己的能力和业务，在一年的时间里，彼此之间没有见过面。团队成员之间相互支持，促进彼此的成长，建立起了牢固的关系。我的角色是一名引导师和导师，通常团队成员提出的想法，对每个人都是有帮助的。

许多商业项目使用的都是这样虚拟的意大利面条式团队，尤其是在工作复杂、每个项目都很独特、任务目标不清晰，并且时间很紧的项目，如图3-5所示。

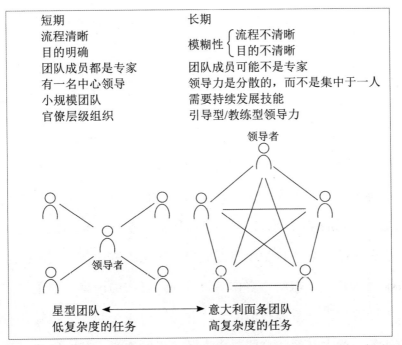

图3-5　不同类型的虚拟团队：从星型团队到意大利面条式团队的不同特性

在意大利面条式的团队中，随着成员数量的增加，互动的复杂性会迅速增加。如图3-6所示，一个3人小组有3个连接，一个4人小组有6个连接，一个5人小组有10个连接。沟通数量的计算公式是：

$$\frac{n \times (n-1)}{2}$$

其中，n为团队成员的数量。一个团队有10个人，就有45个连接！想象一下，10人团队需要投入多少时间和精力来更新彼此的最新状态，尤其是如果他们通过一对一的电话或电子邮件来做到这一点！这就是为什么团队协作工具很有意义。然而，如果你领导一个意大利面条式团队，你需要仔细考虑你团队的规模，因为规模的每一次增加都会增加大量的成员之间的活动，使团队效率降低（见图3-6）。

图3-6　团队成员之间沟通渠道的数量会随着团队人数的增加而急剧上升

作为一名虚拟团队的领导者，问一问你自己，你的团队是星型团队还是意大利面条式团队。虽然星型团队更快捷、更高效、更便宜，但人们有时还是会不自觉地将团队发展为意大利面条式团队。这完全取决于团队合作的需要，合作多长时间及合作的内容。如果你在一段时间内需要使用一系列技能的人，并与其他人一起要处理复杂的、大型的任务，意大利面条式团队也许是正确的选择，其中每个人都是必不可少的，并且是相互依赖的。

但如果你不需要每个人都和其他人联系，那就选择通过中央枢纽来沟通的星型团队似乎更好。另一个选择是将两者结合起来，以一个小型意大利面条式团队为核心，其他成员则较少参与。第三种选择是只对本地团队建立意大利面条式组织，然后每个小团队的领导与中心的领导连接［宾德（Binder），2008］。图3-7显示了这种方式，一个20人的团队分散在4个中心，4个小中心领导向大中心领导报告。这种安排方法只有44个连接。但是对于同样人数，在一个纯意大利面条式团队中，会有210个连接，这需要花费更多的时间和精力来维护。

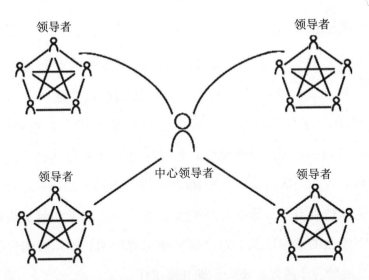

图3-7 一个混合型团队，拥有横跨四地的4个意大利面条式团队和
一个中心领导，采用星型方式与外部团队连接

在我写这本书的时候，我与一家大型银行的全球变革领导小组的相关人员一起工作了一段时间。当我询问他们的工作时，他们一致认为他们的会议太多，大部分是在线视频或电话会议，而且在下一次会议之前，几乎没有时间去完成安排的相关工作。我想知道这些团队中是否有一些沟通过度，一个带有中央信息中心的星型或混合星型意大利面条式结构，是否会更节省团队的时间、成本和精力。

打造高绩效的虚拟团队

在这一节，我会谈到如何构建相互关联的、虚拟的、意大利面条式团队（团队中的成员需要相互之间密切合作），而不是星型团队（在星型团队，只需要团队领导者与每个团队成员建立联系）。

组建新的虚拟团队

当你从头开始组建一个虚拟团队时会发生什么？如果你有这样一个幸运的机会，你一定要利用一个快捷流程，构建一个高绩效的团队。然而，这并不意味着就可以轻松起来。德雷克斯勒/西贝特（Drexler/Sibbet）团队绩效模型，如图3-8所示，可以帮助人们理解如何建立高绩效的团队（德雷克斯勒/西贝特，1990—2016）。我发现它对虚拟团队特别有效。现在让我们来回顾一下，思考如何从头开始建立一个高绩效的虚拟团队。这个模型使用弹球的比喻，并阐释了如何在团队发展的各个阶段一步一步地开展工作。

这个模型强调了在团队开始组建的时候，如何以人为中心，询问的问题是："我为什么在这里？"第二步，则是构建信任，回答的问题是："你是谁？"请注意，这两个问题需要在阐明目标之前进行。虚拟团队领导者经常催促他们的团队要尽早明确目标，或者更糟糕的做法是，立即指派谁应该做什么。在时间压力下，跳过模型中的初始步骤，似乎是人类的天性，但这是一个重大的错误，尤其是在虚拟团队中。因为我们很少有机会非正式地发展关系，一边喝咖啡，一边聊天，或者在饮水机旁交流一些问题，不像面对面的团队中可能发生的那样。

所以，对于虚拟团队而言，确保有一个正确的开端非常重要，俗话说，良好的开始是成功的一半。确保每一个人都知道他们为什么是团队的一部分，他们对团队的贡献是什么，他们将扮演什么样的角色。确保他们知道其他团队成员是谁，以及他们对团队的贡献是什么。如果你能够面对面地把人们聚集在一起，这将会加速团队的形

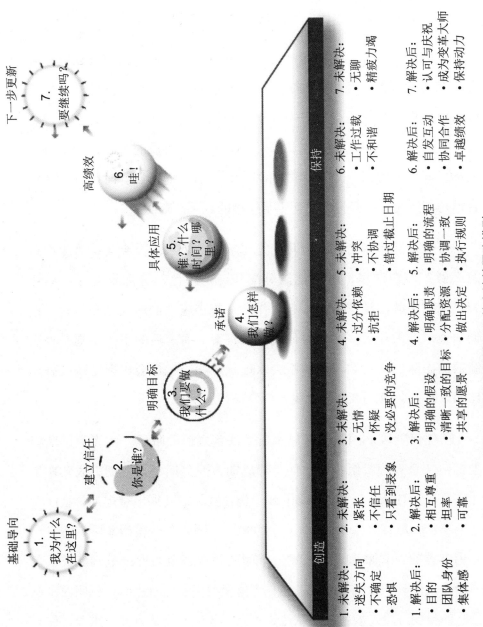

图3-8 德雷克斯勒西贝特高绩效团队模型

资料来源：德雷克斯勒和西贝特(1990—2016)(经许可使用)。

成。（当然，这取决于你如何有效利用时间，让大家更好地相互了解，而不是像大多数团队一样，坐在黑暗的房间里观看投影幻灯片！）

一旦人们有了正确的导向，并建立了信任，只有到那时团队领导者才会引入目标，并且询问大家：我们在做什么？这个团队的目的是什么？我们的目标是什么？不要把这一切强加给团队，而是要通过讨论达成共识，让大家从心底认同它。倾听团队成员的观点，确保每个人都以同样的方式，理解你的团队目标。当你提出目标时，确保这些目标是具体的、可衡量的，而不是模糊的、不清晰的。

当团队目标明确后，团队就需要承诺。团队成员会问："我们要怎么做？"在这里，领导团队分配和商定角色，分配资源并做出决策。现在团队已经准备好一起工作，一起实施他们的计划和行动。他们知道"谁做什么，在何时何地"的答案，而之后的下一步则是"高绩效的团队"。当然，事情不会永远顺风顺水，也会出现磕磕碰碰，比如，有人会问："为什么要……"

在任何阶段，团队都可以重新返回到之前的阶段。大多数团队模型都由一系列阶段组成，比如"形成期、冲突期、规范期、成熟期"［塔克曼（Tuckman），1965］或"伪社区、混乱期、空虚期、社区"［斯科特·派克（Scott Peck），1990］。团队绩效模型非常有特点，它用弹球的方式来形象地比喻一个团队。你越用力把球甩到地板上，弹球在反弹时则会跳得越高。当你理解模型中的这一点时，就明白了在团队的早期阶段，如何让团队达成"高绩效"的团队有多么重要。你会注意到，球（团队）在开始时几乎不存在，然后逐渐变成实体，最后在承诺阶段变成了一个三维的实体球，在地板上有力地反弹起来。

该模型也有助于诊断团队发展中的问题。你会注意到图3-8底部的描述，它们描述的是团队在7个不同的发展阶段，有哪些已经解决了的问题和未解决的问题。这对虚拟团队的领导者评估现有团队的状态是非常有帮助的，知道团队工作的重点所在。如果一个阶段的问题没有解决，那么就需要更多关注这些问题。在继续下一个阶段之前，确保每个阶段的关键问题都得到了回答。

伊恩（Ian）在线上为世界各地的大型项目工作。几年前，他为项目工作，遇到一些问题，发现他的项目组合经理（portfolio manager）很难相处。她住在另一个国家，两人从未见过面。他们俩给大家的印象是互相敌对的。她的电话方式"让他心烦意乱"，而两人的谈话也充满了挑战。我这种感觉，我相信我们两个当事人双方都会有同样的感觉！

他们一致认为这种工作关系有问题，并决定亲自见面一起待几天。这太有意义了。他们期望建立融洽的关系，找出每一个人能给项目带来什么价值贡献。最后，他们回答了"你是谁"，这个问题一旦解决，双方的关系就开始进入一种新的状态，相互尊重，沟通直接坦率，可靠和可信。伊恩告诉我，在那个项目完成以后很久，他们仍然是最好的朋友。

我认为伊恩和他的项目组合经理本来可以在一开始就花一点时间解决这个问题。然而，在一个困难的项目上，他们像大多数人一样，需要马上开始工作。一旦关系恶化，最后不得不停下工作的时候，双方找机会做一个面对面的沟通，最终修复关系，也是一个不错的选择。

接管一个现有团队

对于接管一个现有虚拟团队的领导者，你有什么建议？在更换领导者之前，需要回顾一下，团队的哪些工作做得很好，哪些做得不够。作为一名新领导者，需要与团队的每一位成员进行电话或视频对话，了解他们及他们的个人偏好和动机。在你加入之前，要了解他们对这个团队有什么评价？他们希望你有什么不同？回想一下在图3-2中显示的不同信任元素，并使用前面介绍的方法，尽快与团队成员建立信任关系。

我发现图3-8的团队绩效模型非常有价值。它有助于诊断现有团队的问题，哪些方面工作良好，哪些方面需要改进。

不过，请记住，改变团队组成意味着旧团队不再存在——在你的领导下，现在有了一个新团队。不管这多么诱人，你不能仅仅把自己当成一个领导者，然后认为你可以从前面的领导者停留的地方继续前进。任何新成员都会改变团队，更不用说是一名新的领导者。带领一个团队达到一个高绩效的状态，意味着一切可能需要从头开始，像一个新团队一样厘清各种问题，走向高绩效。如果你认真做好计划，这个过程并不需要很长时间，最终让团队重新返回到高绩效阶段。

添加一名新团队成员

如果你将一个新人引入一个已建立的团队，记住这个团队已经随着新人的加入而发生了改变。尽管让团队的其他成员像以前一样继续工作下去很有诱惑力，尤其是如果他们表现很好，但是不要这样做！新的团队成员会被孤立，感到被冷落。如果他们是线上工作的新手，这一点尤其会被放大，所以要非常清楚你对他们的期望，并在开始时定期查看他们的状态。

带领整个团队，包括那位新成员，度过团队绩效模型的初始阶段，帮助他们融入团队，并确保现有的团队成员也了解新成员。给新人分配一个好友，如果可能的话，是他们的本地好友，帮助他们更轻松地融入。鼓励现有团队成员和新成员之间进行一对一的对话，以便建立关系，最终达成一个高绩效的团队。

应对冲突

虚拟团队中发生的冲突，比面对面的团队中发生的冲突更难发现和处理，因为领导者无法及时看到正在发生的事情，也无法进行快速的面对面交谈来解决问题。在这一章中，我将会分享一些方法，帮助你处理冲突，我在第5章会专门讨论会议中的冲突，在第6章我会讨论会议之外的冲突。

那么，什么是冲突，你如何在线上处理冲突？冲突可以像认知分歧一样简单，也可以像部落冲突一样复杂。冲突有3种不同的类型：任务、关系和流程。任务冲突涉及每一个人对手头任务的不同理解，具有不同的观点和意见。这可能是一种非常有价值的冲突形式，因为它确保团队听到关于任务的多种观点，并且一旦所有观点都被听到和理解，通常会帮助团队做出更好的决策。

流程冲突是关于如何完成工作的，就像任务冲突一样，确保大家的各种想法都能被听到对具体的工作是很有帮助的。对关系冲突而言，这种冲突通常是有害无益的，并且具有破坏性。它涉及人际关系间的问题，甚至团队中人与人之间的敌对情绪。不幸的是，随着虚拟团队的发展，人际关系的冲突比面对面的团队更加多样化，人与人之间的不同所导致的关系冲突最终会浮出水面。一旦听到任何讽刺的评论或愤怒的言语，领导者就要迅速和果断地进行干预，因为一旦关系冲突成为事实，那么对线上虚拟团队来说是非常难处理的。

好消息是，你可以采取下面的这些预防措施。

- 提前计划，减少冲突的可能性。这需要大家有一个共同的愿景，明确的会议目标，共同商定的合作规则，以及明确每个人所要扮演的角色。确保你的决策是透明的和清晰的。这将有助于应对冲突，一旦发生冲突，你会做什么，以及如何采取行动。你的团队的多样化组合将意味着会有冲突，甚至在处理冲突的最佳方式上，也可能会有冲突：为了团队和谐，有些人可能更愿意避免冲突，忍受棘手的问题。但我更愿意选择直面冲突，解决问题，而不是假装一切都很好，而事实上显然也并非如此。就我的经验来看，这样的虚拟冲突会很快恶化，并逐渐失去控制。

- 在冲突发生前监控局势。作为一名虚拟团队的领导者，你需要关注团队的运行情况。人们在会议内外是如何相处的？人们在会议中和讨论的时候，是否互相提出问题？鼓励人们发现问题和错误，并在它们造成更大的后果之前尽早解决它们，是一项明智的举措。认真和仔细倾听是很重要的，如若不然，你则很容易错过远程线上冲突的早期迹象。

- 发生冲突时要进行及时的干预。对于面对面团队的冲突，我最喜欢的一种处理方式，是给每个人5分钟的休息时间，这样我就可以和当事人进行一个面对面的交谈，但这种选择对远程团队来说是不可行的，但是你仍旧可以停下来和那些有冲突的人打一个电话，了解相关的情况。要打破僵局，可以选择讲述与情况相关的一些故事，或者反馈你注意到的一些事情。虽然在冲突中隐藏自己的情绪很有诱惑力，但相反，表达自己的真实感受，并对他人保持尊重会更为有效。如果争论涉及双方不同的意见，就要阐释清楚双方的各自看法，以便人们理解对方的不同观点。

- 最后，从冲突中吸取教训，减少冲突再次发生的可能性。记住，团队发展的许多模型预测了冲突，如塔克曼的团队"冲突"阶段（塔克曼，1965）和斯科特·派克的团队"混乱"阶段（斯科特·派克，1990）。冲突可能是迈向高绩效团队的一步，即使当时的感觉并不是这样，甚至是完全相反！一旦人们经历了冲突，它便可以被用来改变团队，在更深的层次上建立关系。

虚拟团队的一些实用工具和策略

这些工具和策略简单、实用，也易于使用，对新团队和现有团队都有效，能够帮助解决问题。

RACI矩阵

你如何确保工作没有重复，每个人都清楚谁在做什么？这方面有一个非常实用的工具，那就是RACI矩阵，它为每一项活动规定了角色和责任。如表3-1所示，RACI矩阵明确了每项行动的执行人、责任人、咨询人和应知情人。不同的虚拟团队成员和其他关键人物列在顶部，每个人或角色有一列，事件则列在横行中，每行一个事件。

表3-1　RACI矩阵

事件	彭妮：作者	玛丽：设计师	艾米：编辑	戴维：发行	马尔科姆：审查
章节创作	AR		I		
提供初稿	AR		C		
数字化图像	C	R	A		
审查	C		AR		R
许可和发行	I	I	AR	I	

这个矩阵告诉我们在队伍中谁是责任人（R），谁是执行人（A），谁是咨询人（C），以及谁是应知情人（I）。

任何行动都只有一个人需要对此负责，所以每行应该只有一个"A"。这确定了"责任承担"的人，他个人需要对行动的完成负责。如果这件事没有完成，他们将承担责任。"R"代表实际上要完成这项工作的一个或多个人。与"A"不同，每个动作行中可以有一个或多个"R"标记来标识谁负责执行它。"C"表示任何可以被咨询的人，而"I"则表示任何应该被告知的人。可以有零到多个"C"和"I"——这取决于行动的需要。

团队地图

一张团队地图可以确保每个人对整个团队及其他人的地理位置都

有一个大致的了解。它由显示叠加在地图上的团队成员的头像组成（见图3-9）。每个人的照片都标有他们的名字和地理位置，并放在地图上适当的位置，以显示他们的地理方位。让人们了解团队中的同事、他们的位置和他们的时区，是非常有帮助的。一个有用的补充是加上人们的联系方式。我发现如果能够让大家看到每一个人的头像，可以使电话会议和共享屏幕会议的效果更好，因为当我可以看到人们的脸时，声音就会不再那么抽象，而是更具象的一个人了。

图3-9　显示团队成员头像的地图

注：GMT表示格林尼治标准时间。

你的虚拟团队将如何合作？

明确虚拟团队的工作方式、团队规范和操作程序非常重要。你怎么称呼这些并不重要，只要对你自己的团队有用即可。重要的是，你已经认真思考和研究了你将如何与团队一起工作，并找到了一些问题的答案。下面是一些需要回答的问题。

- 作为一个团队，你要使用哪些流程？

- 什么时候召开会议？开会的目的是什么？

- 哪些信息将会放到团队的共享空间，以便每个人都拥有平等的信息获取权力？

- 你将交付哪些项目成果？你将如何衡量项目结果？你怎么知道工作已经完成？

- 你将如何监控进度？

- 你如何决策？你会使用少数服从多数（不推荐，尤其是在决策需要共识的地方），还是共识？领导者会独自做出什么决定，团队又会做出什么决定？

- 团队要使用什么样的规范和原则——团队如何一起合作？团队如何相互挑战？你将如何处理冲突？（假设人们都拥有好的意图，出发点都是好的，这一点很重要。）

虚拟团队沟通计划

沟通是虚拟团队的生命线，沟通计划让团队按计划行动，而不是随意性很强，大家跟着感觉走。

要考虑不同团队成员对某些特定信息的需要。使用沟通计划记录团队中谁需要知道什么、何时/频次，以及信息格式，信息是否需要存档，最新状态是什么。这可以用一个简单的表格呈现出来，如表3-2所示。

表3-2 沟通计划模板

谁	什么	何时/频次	什么形式	是否存档	状态

当你和你的团队一起设计这个计划时，记住沟通应该是双向的：团队成员需要被倾听，也需要更新他们的信息。想办法找到一些新的沟通方式，以替代那些人们在面对面团队沟通中所使用的方式，在饮水机或咖啡机旁闲聊式的非正式沟通。现在就把计划付诸实施吧！当然，计划需要与时俱进，不断更新。

通过非正式对话建立关系

作为一名虚拟团队的领导者，需要创建计划，经常与团队成员进行非正式的对话，以建立良好的关系。这些非正式对话不会像在面对面团队中一样，因为一种偶然的方式发生，你们不会在走廊里见面，也不会在咖啡机或饮水机旁偶遇。当你们真正见面时，也尽量不要每时每刻都塞满正式问题，不管这些问题有多么诱惑——记得腾出一点时间进行一些非正式的会话。鼓励你的团队成员也这样做。

监控人们的工作

你不会像在同一个地点的面对面的团队中那样，看到你的团队成员从窗前或办公桌路过。你不能悄悄走近他们，看看他们怎么样。线上类似的行为是什么？他们将如何让你了解他们的最新结果？

你的沟通计划应该为此提供答案：与你的团队定期会面，分享信息和协作计划。要认真做好检查："每个团队成员都参与了吗？""他们是否从别人那里得到了他们需要的一切""他们需要我的什么帮助或支持？""他们对改进团队的工作有什么想法？"

积极表达感谢

当团队成员交付结果或对工作非常负责任、做出额外贡献的时候，比如在正常办公时间之外参加会议，一定要感谢他们的付出，表扬他们所做的工作。

手写感谢卡是一个非常简单却非常强大的工具。给团队成员写信，几乎不需要花费任何费用，却是与团队难得的一种物理联系。（这种行为使用了触觉系统！）这表明他或她受到了赏识。具有讽刺意味的是，随着科技越来越发达，那些发送速度缓慢、看起来有些过时的手写信件，却能够脱颖而出，给予人们一种特别的感受。

通过社区活动克服距离问题

你项目中的团队成员，不仅参与你的项目，也可能参与其他团队和项目。这些其他的团队，有一些可能是本地的，而不是线上的，大家都是彼此熟悉的人，而且每天都能见到。在繁忙的工作生活中，并不总是有时间做好每一件事情。如果形势危急，哪个团队会赢得他们的尊重？一些因素使得员工会更倾向于他们本地的面对面团队，而不是线上的虚拟团队，其中的原因包括以下几方面。

- 忠诚对许多人来说自然具有地方性。

- 牢固的关系是长时间建立起来的。

- 共同的语言和文化。

- 共同的一些经历。

- 直接主管可能是本地人。

- 紧急性——办公桌旁的愤怒客户，比试图通过电话联系你的虚拟经理，更有可能获得优先服务。

如此众多的、强大的地方力量，吸引着虚拟团队的成员，虚拟团队如何才能生存下来并茁壮成长？

答案是，要在虚拟团队中创建社区，构建团队成员之间的信任和忠诚度。社区能够提升人们的参与感和归属感。然而，这不是随随便便发生的，这需要领导者和团队一起共同努力，不断发展和构建团队的信任关系才能得到。

有许多工具和方法可以支持社区活动，你可以选择适合你的。一些虚拟团队偶尔会面对面交流，以便相互了解。其他人则试图在电话会议之前进行一些聊天，以了解对方所在地发生的事情。有的团队通过视频会议共进午餐，一起聊天，而不谈工作。如果你真想实践的话，也许可以安排一次特殊的午餐，把食物送到各个地方，而不是让人们自己带午餐。

不断学习、改进和提高

作为一名虚拟领导者，需要活到老，学到老。这不需要你做出什么惊人的大改变，只需要做出一些小调整，就像飞行员的飞行航线，需要不断做出一些小调整。这就是飞行员的工作。我的一个新西兰航空公司的朋友谢拉是一位飞行员，她告诉我她的飞机几乎每次都会有一点偏航，但是导航系统会帮助一直做调整，最终确保飞机可以安全降落在目的地。作为虚拟团队的领导者，我们也可以使用这个方法。养成定期检查的习惯，看看事情进展如何，以及我们需要做一些什么调整，才能回到正确的轨道。

在这方面，我使用的一个工具是"经验教训"（lessons learnt），一个非常简单的工具，有时也叫作"回头看"（retrospective），需要5~10分钟。它是这样应用的：逐一询问以下问题，在继续下一个问题之前，从你的每个虚拟团队成员那里收集答案。

- 项目哪些方面进展良好？

- 我希望……

请注意，我在措辞上使用了"我希望……"而不是"项目哪些方面做得不好？""我希望……"的良好语气很重要，它会让人们思想更开放，更愿意寻找其他的创意和可能。积极的询问会获得更多关于如何改进的反馈，而如果我用"项目哪些方面做得不好？——事实上，许多人就是这样做的，这个问题会让人们闭嘴，最坏的情况是，会导致抱怨或完全沉默。

当你要求团队提出意见、指出问题时，可以采用匿名的方式。这意味着人们可以畅所欲言。这在冲突时期或团队感到压力时尤其如此。团队成员间可能会有文化冲突，人们不愿意在现场会议上公开表达他们的想法，这个时候就可以考虑使用匿名方式。然而，通过匿名的方式让大家贡献想法有时可能会遇到一些问题。有一些其他的方式可供选择。如果你的虚拟团队成员分布在多个地点，那么每个地点都可以安排一个人，收集书面的匿名建议。如果没有，那么在团队中选择一个被大家信任和喜欢的人，让人们把他们的"匿名"想法发送给这个人，然后他会删掉建议人的名字，并与其他人分享。

这个工具简单快捷。只需要5~10分钟，但它的效力却很强大。在团队会议结束时尝试一下。安排5分钟左右的时间来实践这些想法，这会帮助你了解什么做得很好，要继续做，以及什么做得不好，下次一定要有所不同。记得在下次会议开始时，再看一遍这些建议，并付诸实施。你会看到变化的！

▎成为一名虚拟团队的领导者

这本书的目的之一，是帮助那些虚拟团队的领导者如何更有效地工作，不断与时俱进，不断学习和成长。但是你不需要一个头衔，不需要被指定成为老板，才能展现你的领导力，才能做好团队的领导。任何团队成员都可以为他人树立榜样，提出伟大的构想，挑战那些不良或不专业的行为。我们每一个人都可以在团队中建立更深、更有效的关系，帮助信任成长和发展。如果你在虚拟团队中的角色是一名团队成员，请应用你在本书中读到的内容。一旦你将这些技能付诸实践一段时间，你就可以成为一名优秀的虚拟团队的领导者！

作为一名虚拟团队的领导者，我梦想中的虚拟团队是由不同的人组成，他们拥有各种各样的技能和优势，同时也拥有自己的领导力。每个团队成员，包括我自己，都会得到团队中其他人的支持和挑战，成为最好的自己。人们会互相促进和发展，鼓励他人充分参与团队生活。作为团队的领导者，我有特殊的责任，但我不需要独自一人发号施令或承担领导的重担。那不是很好吗？我一直就是这样做的，它们是我非常宝贵的人生经历，让我从中收获良多。

解散虚拟团队

总有那么一天，像其他类型的团队一样，当虚拟团队完成了自己的使命，也需要解散。"为什么要继续？"这个问题的答案，就是我们没有理由继续下去了。项目结束的时候，一定要确保所有团队信息的完整和可用，以防未来的需要。完成所有正式解散手续，确保你已经完成了经验教训总结，从团队中收集了经验教训，并将这些文档记录传递给组织中其他需要的人。

最后，请记住，在团队解散时，一定要庆祝成功，并花一点时间，记录下团队的变化。这些仪式对经历变革的人非常有帮助。在一个快节奏的世界里，它们经常被忽略。如果你们在同一个地方，是时候一起去参加一个派对，或者一起出去吃一顿饭了。在虚拟世界中，你也可以庆祝。哪些庆祝方式对你的独一无二的团队和团队成员更有意义呢？（本章前面有一些建议。）

作为一名虚拟团队的领导者，你如何帮助那些即将离开团队的人？你能为他们做一些什么，如推荐信、公众论坛和/或绩效评估反馈吗？你能告诉他们，他们的优势是什么，以及你重视什么吗？你对他们和他们所做的工作，有什么话要说出来，你要真诚地感谢他们吗？

开始与他人进行线上合作

西德妮（Cydne）是一名自由的商业分析师，在英国和南非工作。艾玛（Emma）是中东的高级人力资源经理。她们都在虚拟团队中工作，同时也是团队的领导者。

> **西德妮的故事**
>
> 当我开始虚拟团队的工作时，我有过很多尝试，同时也犯了很多错误！有许多挑战，当时并没有意识，当然现在我已经做了改进。
>
> 为了获得项目成果和构建一个积极的、正向的虚拟工作环境，一定要做好团队准备，与团队成员进行积极的沟通，提升团队的责任感。
>
> 在虚拟团队中一定会有冲突！一旦冲突出现，一定要着手立即解决冲突，通过团队就解决冲突的行动与计划达成一致。当冲突发生时，积极倾听尤其重要。倾听那些言语之外的线索，包括犹豫、停顿，或比平时更长的沉默这些"非言语上的"暗示。了解这些冲突的迹象，会使你更好地意识到正在发生的事情，帮助你解决冲突。
>
> 明确你的工作时间，让团队成员知道你什么时候工作。使用共享日历，以便人们可以看到你何时有空，这对大家一同工作特别有用。看到别人"在线"，会让人觉得大家是一个团队，同时也会让人觉得他们可以在需要的时候联系你。

艾玛的故事

多年来，我一直认为虚拟工作比面对面的工作效果要差；当时间和预算不足的情况下，就会出现一些妥协。我曾经拒绝尝试使用手边的新技术，认为跳上火车或汽车，比坐在自己家里或办公室的舒适环境里与他人互动更符合逻辑。

但今天，我变了，我成为虚拟技术的爱好者！在指导他人的时候，我更喜欢使用简单的音频连接。对我来说，这意味着我可以专注于微妙的交流信号，比如呼吸模式和音调。我也可以在谈话中四处走动。对我来说，身体运动和来自对方有限的感官刺激，可以提高我的倾听能力，我发现我更容易把我的全部注意力都放在对方身上。我想这是我多年来磨炼出来的一项技能，但这确实是远距离工作中让人不可思议的一面。

虚拟工作的另一个好处是，迫使我不得不思考多种方式，以便更好地与他人分享关键信息。通过视频、网络广播或录音进行信息传递，使我必须认真思考我在说什么，并归纳出要点。这让我必须保持言语的简洁和精练，去掉任何多余的东西，更好地服务于听众。

最终，我发现如果你有一个真正关心的共同目标，你就会投入你的情感与智慧保持精神上的高度集中，无论你身在何处，距离都不会成为你与他人建立关系和有效合作的障碍。

总结

本章探讨了如何与他人进行远程合作。光有技术显然是不够的。我们将在下一章集中讨论这个问题，内容涉及如何建立联系、如何相互理解、如何相互信任和如何创建一些社区活动。这样，你就可以与你的高绩效虚拟团队一起，完成一个伟大的项目，即使你们彼此距离遥远。

问题反思

（1）你对与你一起工作的虚拟团队的同事了解多少？哪些方面会帮助你和你的团队更好地相互了解？

（2）你的虚拟团队成员之间是否相互信任？你能做一些什么来提升你对团队的信任，团队成员之间的信任，以及他们对你的信任？

（3）对于你的每个虚拟项目团队，你们采用的是什么样的一个组织结构？他们应该是意大利面条式结构还是星型结构，还是两者的组合？基于你的理解，你需要建立多少个联系？

（4）你认为德雷克斯勒/西贝特团队绩效模型如何？根据弹球模型的每一步，你对你的虚拟团队有什么评价？哪些环节的问题得到了解决？哪些还没有解决，需要做进一步的工作？

（5）对于组建一个新团队，或是带一个现有的团队，你在哪些方面做得好？如果增加新团队成员，你哪些方面做得好？读完本章后，你又有什么不同的想法？

（6）你已经使用了哪些实用的团队工具和策略？其他哪些工具会有帮助？你什么时候会试用它们？

（7）你如何鼓励团队中的其他人发展自己的虚拟团队领导力？

（8）当虚拟团队解散时，你哪些方面的工作做得好？下一次会有什么不同吗？

（9）你对西德妮和艾玛的故事有什么看法？你从每个人身上学到了什么？

| 参考资料与延伸阅读

[1] Abraham, P（2015）*Cyberconnecting:The three lenses of diversity*, Gower, Farnham.

[2] Binder, J（2008）*Global Project Management:Communication, collaboration and management across borders*, Gower, Farnham.

[3] Drexler, A and Sibbet, D（1990—2016）*The Drexler/Sibbet Team Perfomance Model*®, The Grove Consultants International, San Francisco.

[4] Hall, K（2007）*Speed Lead：Faster, simpler ways to manage people, projects and teams in complex companies*, Nicholas Brealey Publishing, London.

[5] Lipnack, J and Stamps, J（2010）*Leading Virtual Teams：Empower*

members, understand the technology, build team identity, Harvard Business Press, Boston.

[6] Maister, D（2001）*The Trusted Advisor*, Touchstone, New York.

[7] Scott-Peck, M（1990）*The Different Drum:Communit y making and peace*, Arrow, London.

[8] Settle-Murphy, N（2013）*Leading Effective Virtual Teams*：*Overcoming time and distance to achieve exceptional results*, CRC Press, Boca Raton.

[9] Tuckman, B W（1965）*Developmental sequence in small groups*, Psychological Bulletin, 63, 384–99.

[10] Wise, T（2013）*Trust in Virtual Teams*, Gower, Farnham.

| 第4章 |

虚拟团队技术/工具

本章介绍技术是如何支持虚拟团队工作的。主要侧重在当虚拟团队工作时会使用的技术种类，以及在不同工作场景下，最佳实践的案例。请注意，为了避免技术快速迭代对本书内容新鲜度造成的影响，我不会涉及具体的技术细节，除非案例或故事中需要这样做。相反，本章着重描述的是我们在选择适用技术时秉承的核心理念。我一直在探索如何将人和技术合二为一。

当你读完本章时：

- 你将认识到有多种技术可帮助虚拟团队的工作。

- 你将具备选择合适技术手段的能力，应对虚拟团队的工作。

- 你将做好准备，应对虚拟团队工作中不可避免的一些问题，如因技术故障导致远程会议推迟。

- 你将了解人们如何利用技术达到事半功倍的效果。

- 我希望你能得到启发，充分利用现有的技术，并且勇于尝试新技术。

▎技术只是成功要素之一

最新的技术进步和宽带的普及应用，帮助世界各地的人们可以互联互通，以全新方式进行合作。毋庸置疑，技术为虚拟团队工作夯实了基础。本章思维导图如图4-1所示。

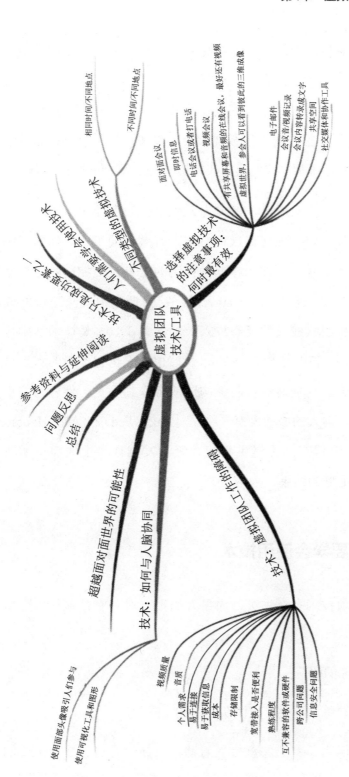

相同时间/不同地点

不同时间/不同地点

面对面会议

即时信息

电话会议或者打电话

视频会议

有共享屏幕和音频的在线会议，最好还有视频

虚拟世界，参会人可以看到彼此的三维成像

电子邮件

会议音/视频记录

会议内容转录成文字

共享空间

社交媒体和协作工具

选择虚拟技术
应注意事项：
何时最有效

不同类型的虚拟技术

人们习惯的技术

不太习惯的技术

参考资料与延伸阅读

问题反思

总结

超越面对面世界的可能性

技术：如何与人脑协同

技术：虚拟团队工作的障碍

使用面部镜头吸引人们参与

使用可视化工具和图形

视频质量

音质

个人需求

易于连接

易于获取信息

成本

存储限制

宽带接入是否便利

熟练程度

互不兼容的软件或硬件

跨公司问题

信息安全问题

虚拟团队
技术/工具

图4-1 本章思维导图

123

但我们要牢记的是，技术本身只是成功要素之一。仅靠技术并不能使虚拟团队工作变得有效。选择和使用符合人们沟通偏好的技术来支持人们一起顺畅工作才是更重要的事情。试想一下，你是愿意在清晨6：00奔赴办公室去使用顶级视频会议设备，还是愿意在家中进行电话会议？你要选哪种方式？反正我知道我每次都会选择电话会议！

不要像许多组织那样，仅仅为人们培训如何使用新的远程技术，而忽略了另外一点，如何在远程环境下有效协同工作。你的组织文化和员工的行为方式，比你选择哪种特定的工具，更能影响虚拟团队工作的成功。甚至还有一个90/10法则，它强调虚拟团队工作的成功，90%是建立在团队成员的全心投入上的，剩下10%是技术基础［利普纳克（Lipnack）和斯塔姆斯（Stamps），2000］。也有类似的观点认为："在任何地方，任何时候，与人沟通或合作都不是一件容易的事情。技术升级了，但人的心智没有升级。"［费德（Fed）和汉森（Hansson），2013］。这本书旨在为你提供心智升级，发掘你身上的虚拟团队领导力，去获取更好的结果。

| 人们需要学会使用技术

不管某项技术多么先进，如果人们很难对其有效地加以使用，它就将被淘汰。

请确保你的团队：

- 已经熟练掌握你希望团队使用的工具。

- 愿意学习，并且愿意接受帮助，以便提升自己使用工具的熟练程度。

适当的支持包括培训、用户手册和/或远程学习，这一点因人而异。如果你臆断人们会使用该技术，可能他们永远无法真正完全掌握，后果是技术成为障碍，并拖累你的后腿。我发现在以往的工作中存在两种极端情况：有些人不会主动站出来，说他们需要技术上的帮助；而另一些人总认为，在他们开始独立工作前，尚需很多帮助。

举个例子：我自认为能非常快速地学习新技术。我在科技领域工作了几十年，并且从1970年就开始使用电脑。然后，我成为某虚拟团队的一员，该团队广泛使用在线系统来协同工作。团队成员都是很有经验的专业人士，我们共同服务于一个集团。但对于所使用的技术工具，我没有接受过任何培训，结果是此后的一年，我每天都感觉工作如陷泥沼，我没办法参与在线讨论，而这对我很重要。我必须做出一些改变，是时候行动起来了！我规划好时间，仔细阅读用户手册，并请人详细按步骤介绍该技术工具如何使用。

不同类型的虚拟技术

针对不同类型的会议，会用到不同类型的技术，如图4-2所示。矩阵顶部标注的是"相同地点"，这很像传统工作，所有工作都在相同地点。矩阵底部标注的是"不同地点"，这意味着虚拟团队工作。矩阵左侧标注"相同时间"这意味着现场会议和其他类型的现场工作。矩阵右侧标注"不同时间"则意味着异步工作。

相同时间，相同地点 传统会议	不同时间，相同地点 看板
相同时间，不同地点 虚拟团队同步工作工具	不同时间，不同地点 虚拟团队异步工作工具

图4-2　时间与地点矩阵

资料来源：Adapted from an idea by Johansen（1988）。

你可以看到虚拟技术会运用到下面两个象限，要么是相同时间/不同地点的同步方式，要么是不同时间/不同地点的异步方式。

相同时间/不同地点

虚拟团队同步工作工具包括：

- 聊天工具，如手机信息或即时信息。

- 电话，如电话（一对一）或电话会议（针对多人通话）。

- 电脑屏幕分享+电话，人们可以分享自己的电脑屏幕，这样大家可以在相同时间，直观地看见正在进行的工作，并可以随时讨论。

- 智能白板，可链接各个虚拟团队站点，所有虚拟团队站点都可实时地看到和修改白板上的信息，大家能同时看到白板上分享的最新信息。

- 共创工具，人们可以远程共同对文档进行操作，当有人对文档做任何变更，其他人可以实时看见（这些工具也可以异步工作）。

- 视频直播，人们在进行实时讨论时可相互看得见。

- 视频直播+电脑屏幕共享，人们可以看到正在进行的工作，同时有人发言时，大家能看见发言人的头像，知道是谁在讲话。

- 远程视听设备，最接近面对面交流的工具，却需要极复杂和非常昂贵的视听设备和专用房间。好处是你可以和远程同事耳语，而只有他们能听见你在说什么。

- 虚拟世界，人们利用计算机，构建了一个三维世界，以便虚拟团队协同工作。这项技术被电子游戏广泛应用，而它对于虚拟团队的活动和商务会议也同样具有很好的效果。在虚拟世界里，每个人都会以一种虚拟化身形式存在，可能是计算机随机生成的符号，也可以是真实的图像，甚至可以仅仅只是个色块。人们在虚拟世界中可自由移动，可以向前走、向后走或原地转圈。通过移动虚拟人物，人们可以和其他虚拟团队成员见面并沟通。这既可用于大型远程会议，也同样适用于较小型的会议。虚拟世界中人们可以沉浸其中，感觉他们好像真的生活在虚拟世界中一样，尽管彼此相隔万里，也能与他人进行互动。

这些工具可整合运用，但他们各有侧重。以即时信息和视频会议为例，前者只是用文字沟通，后者则可加上说话人的语气和肢体语言，这会提升沟通效率。当然，这两种方式都无法和相同地点面对面交流相提并论，在会议室里，人们可以看着对方的眼睛握手寒暄。

在工作中选择最合适的工具非常重要。简短的文字信息既便于书写也便于对方阅读，但它们不适合于传递复杂信息，建立相互信任或处理冲突。如果一个简单的技术不适合你的情况，那就尝试能传递更大信息量的技术。因此，如果文字消息不起作用，那就打个电话。如果还不管用，就打个视频电话。如果这样还不起作用，也许就该面对面沟通了。在本章的后面，我们将探讨各种虚拟工具在不同情况下的最佳实践。

布莱恩（Brian）给我分享了他使用远程视听设备的经验。有段时间他需要和在新加坡、美国科罗拉多、法国和英国的同事协同工作，而他身在苏格兰："房间里有张半圆形的桌子，对面是个大屏幕显示器。当远程人员加入时，我们可以清楚地看到每个人，就好像我们坐在同个圆桌周围。我发现这样开会效果很好；我能够看见远程同事的肢体语言，并且可以有眼神的交流。在这个会议室里开会的感觉非常好，只是太难预订上了。"

在QUBE虚拟世界里的对话

埃迪·奥本（Eddie Obeng）教授运营着一个叫作五芒星（Pentacle）的虚拟商学院，这个商学院建立在QUBE平台上。QUBE是一个虚拟世界，人们可以聚集在一起交谈、欢笑、头脑风暴和分享演示他们在现实世界中学到的东西。我很感兴趣，并请埃迪教授展示一下QUBE是如何工作的。他邀请我参观他的QUBE虚拟办公室。

访问开始前我先安装了软件，并且接受了入门培训。我学会了如何在虚拟世界中移动自己那个黑方块似的身体。培训刚开始时，我看到一个巨大的、空旷的大厅，墙上挂满了很多海报，当我在键盘上按下箭头键移动时，我的房间就像在现实生活中那样改变了。

我可以向上或向下看，向右或向左拐，向前移动或向后移动，点头或摇动我那长方形的头，甚至可以上下跳跃。

我发现一旦习惯它的使用，就变得容易操控了，总的来说，事情就像我从现实世界中期望的那样运转起来。我能看到代表其他人的化身，我能知道他们都是谁，因为每个人的名字都显示在他们的头上。有些人的胸口还有他们公司的标志。我还能听见他们在交谈。当我和其他人坐在桌旁时，谈话区收缩到与我同桌的人们，此时我就听不到房间里其他人的声音了。

有一次我想找一个地方，如何去埃迪教授的办公室，我只是点击"埃迪教授办公室"的链接就可以直接抵达那里。我眼前的景色瞬间变换，我可以看到墙上的窗户和海报。我转过身，发现埃迪教授已经在房间里，静静地看着我突然冒出来。那感觉就像是现实世界的镜像 —— QUBE给人身临其境的感觉，这是我从其他技术中从未体会过的感觉。埃迪开始和我说话，通过耳机我可以听见他的声音，就像他也能听到我一样。我们讨论了这个虚拟世界对他的客户所产生的影响，并展示了部分增强工具是如何嵌入虚拟世界中的，帮助虚拟团队相互合作时更有效。我们使用其中一种工具，我们把对会议的期望和担忧都写在大海报上，然后讨论如何解决这些问题。

几周后，埃迪邀请我参加由英国国民保健署（NHS UK）服务体系改进和创新主管塔米·沃特霍恩（Tammy Watchorn）博士负责的大型QUBE会议。她使用QUBE与分散在苏格兰各地的人合作，提供更好的创新服务。埃迪为塔米的会议做了演讲，主题是"将公共部门由沉默变为加速创新"。QUBE的一大特点是既能让虚拟团队集体合作，又能分组讨论。有时，塔米会让所有人集体探讨苏格兰卫生服务所面临的挑战。其他时候，我们会分小组进行讨论，分组规则是按我们姓氏的第一个字母来分。当我们小组讨论结束，会议主持人便把每个人都移回会议大厅中，并针对我们的讨论给出反馈意见。主持人会分阶段进行整体情况介绍，主持人把我们拉进了会议大厅的半空中，我们仿佛飘浮在天花板附近。我惊讶的是，下面的虚拟地板看起来让我觉得有点头晕，这感觉就像是在真实世界，我恐高！

此次使用QUBE的经验，与大多数2015年接受我访谈的公司中常见的虚拟团队工作方式有很大的不同。对我来说，最大的区别是我会时刻关注QUBE内部发生的所有事情。这真的太少见了！一直以来，虚拟团队面临的最大挑战是如何吸引虚拟团队成员的持续关注。我发现埃迪教授在QUBE平台上成功地解决了这个问题。虽然我自己没有亲身体验，但我可以看到，QUBE对于异步工作模式同样适用。例如，你可以在自己的虚拟办公室墙上张贴海报，然后邀请其他人来提供反馈。

不过，和其他技术一样，人们的误操作会带来一些问题。我无意中按下了一个不知道代表什么的按键，删除了一张海报。希望奥本教授可以不费吹灰之力就能把它恢复到原处！

图4-3为QUBE内部的情景。

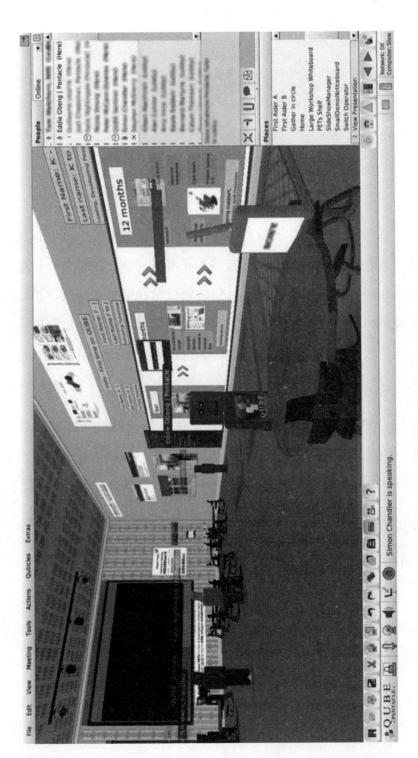

图4-3　QUBE内部的情景

不同时间/不同地点

虚拟团队同步工作方式对人们来说似乎是很自然的，但并不是所有的虚拟团队都需要实时进行沟通，特别是当虚拟团队成员分布在不同时区的情况下。就需要一些技术支持虚拟团队异步互动，同时也能很好协助虚拟团队同步互动。以下是一些异步工作技术。

- 通信，通常为电子邮件、即时信息或留言，这种方式可保存信息，供人后续阅读。虽然写信理论上可用于虚拟团队，但使用邮寄方式却存在巨大的时间延迟。我所见过唯一例子是一位虚拟团队领导手写感谢卡，然后邮寄给分散在世界各地的虚拟团队成员。这对团队产生了很大的激励作用。几乎所有虚拟团队与这位领导的互动都是通过电话会议，所以当用亲笔信来表达"谢谢"，感觉是很不一样的。

- 音频或视频记录，比如将电话会议记录下来，以便播放给不能及时参加的同事。将视频记录+音频并和屏幕共享结合起来，任何错过会议的人都可以回放记录，确切地看到小组讨论的全过程。

- 音频和视频记录内容转录器，将音视频的声音内容转换成文字记录。看文字记录要比听完整个会议快得多，但有时需要花时间和技巧去甄别转换的文字是否准确。

- 协同工作工具提供一个信息共享中心，以便每个人都可以下载最新版本的文件和文档。

- 项目管理工具，允许团队管理和安排项目进度，并共享待办事项列表。团队成员可以对工作进行监控，并知道何时该做什么。

通常协同工作和项目管理工具会结合起来，形成虚拟团队共享工作平台，平台包括工作计划、日历、讨论论坛、信息分享等。组织需要对平台上的文件进行监控和更新维护，以保证平台上共享的文件是最新版本。共享平台所承载的信息量比通过电子邮件传播的信息量要多得多，指定一位专人来负责共享平台上的文件管理是很有必要的。

- 社交媒体，如微博、照片分享网站、微信和维基百科等。

- 在线调查工具使人们可以按照个人意愿来回答问题。

- 支持创意生成和类似活动的工具——有许多支持这类具体活动的工具，如创意工具。当团队面对面开会时，当他们想出点子的时候，他们会经常使用即时贴将想法写下来。所有的想法可以按类别汇总，找出最好的想法继续前进。虚拟工具让虚拟世界同样可以这样操作，人们可以用虚拟即时贴来贡献自己的想法。这些便签贴可以像在现实场景中一样进行汇总。虚拟即时贴最大的优势是可以立即汇总成文字或者图表的方式展示出来。

对话伊丽莎白·哈林（Elizabeth Harrin），项目经理、博主

伊丽莎白·哈林说："我建议虚拟团队在决定购买某工具之前，先看看自己想要解决什么问题。"伊丽莎白扮演着两个角色，既是英国健康部门（UK health-care）的一个虚拟团队的项目经理，同时也是"一名美女项目管理指南"（A Girl's Guide to Project Management）的博客主。现在市场上有数以百计的在线社交和协作工具供虚拟团队选购。在购买之前，你真的需要知道你的真实需求，因为最新的App未必适用于你。你在团队中遇到的很多问题都可以通过技术来解决。例如，确保每个人对自身工作都有清晰的认识，尽可能地将老员工的工作经验萃取成组织知识，并在老员工退休之前，尽可能地将他们的技能传承给他人。

《项目经理协作工具》一书的作者伊丽莎白对团队工作中使用社交工具和协作技术很感兴趣。她在2015年对近200名项目负责人的研究表明：

- 94%的人报告说，他们在项目中会使用协作工具进行团队协作。

- 使用在线工具的首要原因是为了共享文件（有27%受访者表示赞同），第二个主要原因是使用在线工具进行团队沟通（25%受访者选择此项），第三个主要原因是为了和公司内部其他部门进行协作（20%受访者选择此项）。

- 其他调查结果如下：

  — 用于安排或分配工作：17%。

  — 用于与外部利益相关方合作：11%。

  — 最后3%的答复为"其他"，其中包括知识库、信息公开、审计跟踪和文件控制。

"这些发现与我们在工作中使用沟通和社交工具的便利性非常类似，最常见的好处是很容易找到所需要的信息，1/3的受访者表示，这是他们感受到的最大好处。"伊丽莎白说。

"1/4的受访者表示，协作工具在建立团队意识方面非常有用。我自己就曾经创建一个虚拟的链接游戏，让团队成员在公司多个内部网页里寻找，并进行全员比赛。在2011年我所做的调查中，只有18%的受访者说他们认为使用社交和协作工具能有效提高团队士气。我希望事情正在向着好的方面发展，人们能够找到更好的方法，改善虚拟团队工作的效率。"

"将近70%的人表示，他们将继续在工作中使用各种协作工具，并认为他们的使用频率还会继续增加。"她补充说，"32%的受访者表示，他们会持续使用现有的协作工具。"

"有趣的是，没有受访者表示会停止使用协作工具，或降低使用频率，只有一位受访者填写的是'不确定'。"伊丽莎白补充说。"协作工具在项目团队、部门或公司内部的使用越广泛，就会越有用。诀窍是根据团队目标和虚拟团队工作方式来选择一个真正适用的工具。选择一个最成功的工具系统，一定要有明确的需求和清晰的目标，而且一定要能够与团队的其他沟通工具（如面对面）相结合。我们不是故意夸大技术或科技，但是如果你没有用过在线协作工具，在不久的将来你一定会用到。没有迹象表明这一趋势正在消失，因此，虚拟团队领导者面临的挑战是找到和部署最佳的协作工具，用来提高团队的工作效率和生产力。"

Basecamp 公司成立于 2004 年，其产品"Basecamp"是一款基于网络的项目管理协作软件。公司员工可以自由选择他们的居住地。有些同事在芝加哥的办公室里工作，其他分散在世界各地的同事则选择虚拟团队工作模式。2013 年，詹森·弗里德（Jason Fried）

和大卫·海因梅耶·汉森（David Heinemeier Hansson）写了一本书《远程办公：无需办公室》，书中分享了这种工作方式的经验（弗里德和汉森，2013）。

Basecamp所使用的技术，使得员工可以自由选择生活状态。如果人们愿意，他们可以前往办公室办公；如果他们不愿意，可以生活在任何他们想要生活的地方。科技使人们不用再为每天的通勤筋疲力尽，同时也降低了开车上下班的成本。Basecamp的员工可以使用弹性工作时间，他们大部分的虚拟团队工作都是异步完成的。他们许多人都发现这种工作方式比传统办公室的工作方式更有效率，在适合他们的时间，在可控的环境中能做更多的事情。事实上，作者认为传统办公室是干扰制造厂，束缚了创造力，因为创造力需要连贯性，不能被打断思路。不同于总部设在同一城市的公司，Basecamp好像为防灾做好了准备——突发的暴风雪或火山爆发，不会让他们影响公司的持续运行。

有些人觉得他们错过了与同事面对面交流的机会，但全公司每年都会举行两三次高质量的员工大聚会。在这些聚会上，没有PPT！在此期间，员工可以登录共享在线空间和虚拟饮水机（一个聊天程序），他们可以在那里和同事一起逛一逛、聊一聊。

总的来说，Basecamp发现，虚拟团队工作方式让他们的员工在保持高效的同时，还能选择自己喜欢的生活方式。对他们来说，虚拟团队这条路可行，他们渴望与他人分享自己公司的成功经验。

选择虚拟技术的注意事项：何时最有效

当你选择虚拟团队所用的技术工具时，需要提前考虑许多事情。

首先，不同的技术有不同的应用场景，所以你最好选择技术工具组合。但如果同时有太多技术工具可以选择，对许多人来说是一种选择障碍。更高的运行成本和更难的技术应用会让我们适得其反。因此在你选择虚拟团队所用技术工具的时候，请一定牢记：因地制宜，因人而异。

下面的内容将向你展示，在不同情况下，哪种虚拟技术工具最有效（见图4-4和图4-5），并且将它们与面对面的会议进行一些比较。感谢南希·塞特尔-墨菲，这部分内容的灵感来自她在实际工作中常常问到的"何时最有效"的问题。

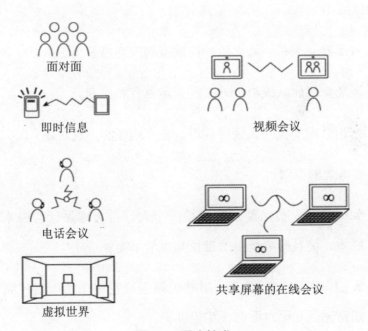

图4-4 同步技术

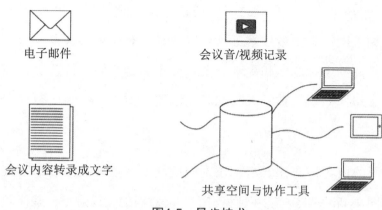

电子邮件

会议音/视频记录

会议内容转录成文字

共享空间与协作工具

图4-5　异步技术

面对面会议（目的是做比较）（用于同步工作）

最佳应用场景：

- 对于建立关系，处理敏感问题或冲突非常有用。

- 现场介绍团队成员，并对其表示尊重和感谢。

- 它也适用于谈判、获得认可、建立信任和互动讨论。

需要考虑的事情：

- 如果涉及人员出差，哪怕是一个人，也会增加运营成本和时间成本，而且影响员工的工作与生活平衡。

- 人们可以有目光交流。虽然视频会议也试图实现这种状态，但还是无法和面对面会议相提并论。

- 如果你有面对面的机会，就别浪费时间自己躲在房间里研究PPT、查阅数据，虽然太多人喜欢这样做！相反，你要走出去，多和人们相互沟通，享受面对面交流的乐趣。

即时信息（同步工作和异步工作都适用）

最佳应用场景：

- 向同事快速提问。

- 当不是每个人都能流利地使用你所使用的语言时，把信息写下来能帮助人们阅读和理解。

需要考虑的事情：

- 即时信息会干扰信息接收者，分散他们的注意力。

- 不停地接收信息会非常分散注意力。

- 可以将自己标记为"在线"或"忙碌"，但不是每个人都会使用这个功能。

电话会议或者打电话（仅限音频电话）（用于同步工作）

最佳工作场景：

- 人们互相认识。

- 人们没有语言交流障碍。

- 你不需要进行非语言输入（如分享PPT），也不需要看到别人的表情和肢体语言。讨论的不是敏感问题，也和开始建立信任或处理冲突无关。

- 对于参会人来说比较便利，特别是当会议安排在他们的非正常工作时间，他们不必非要去办公室，可以在任何地方接听电话。

- 别忘了工作中最常见的一对一电话沟通，这有助于建立虚拟团队成员之间的信任关系。

需要考虑的事情：

- 提前让参会人知道电话会议的目的、你希望达成的会议目标、会议时间安排和会议日程。

- 电话音频质量直接影响会议效果，因此请使用音质好的电话。在信号不好的地方，尽量不要使用移动电话或者将电话放成免提。

- 当不用发言时请将电话静音，尤其是当你参加大型电话会议或者身处一个嘈杂环境中。我曾经听到过机场和火车的启程通知、割草机的声音、孩子的哭闹声、小狗的叫声，最糟心的是听见冲厕所的声音，这些都是因为人们忘记将他们的电话静音。

- 开始发言的时候请先说自己的名字，并且要求参会人也这样做。

- 在会议开始时就为电话会议设置"会议规则"。有些人称之为基本规则或团队规范，如当你开始发言时请先说自己的名字。

- 做文字纪要。其中一种方法是总结要点，并通过即时消息分享给参会人。这对母语非会议语言的人尤其有用。文字纪要要为所有人增加一点视觉维度，帮助人们更好地理解信息。

视频会议（音频+参与者视频）（用于同步工作）

最佳工作场景：

- 需要看见参会人的表情来判断他们的反应，同时还需要听到他们的声音。

- 所有参会人都使用同样高标准的视频会议技术，以及稳定的宽带。

- 会议的目的是介绍新团队成员，或者在团队成员间建立更好的关系。

- 你想向参会人员展示实物或者模型。例如，当我策划这本书的章节设计时，我的电脑里装满了思维导图、草图和笔记。我通过视频会议，向我身在波士顿的朋友南希·塞特尔-墨菲展示已经写好的章节，这有助于我向她展示我的想法。

需要考虑的事情：

- 当你邀请的远程参会人员越多，你错过的肢体语言和视觉反馈的机会就会越多。因为不是所有参会人全程都会被清晰地展示出来，视频会议技术通常聚焦发言活跃的人，而不是沉默的人。

- 不要指望人们半夜三更还会到办公室去使用高端视频会议系统。在这种情况下，请使用电话会议或网络摄像头，以便他们可以在家里参加会议。

- 如果视频质量很差，看不清楚人们的肢体语言，会议效果会打折扣。

有共享屏幕和音频的在线会议，最好还有视频（用于同步工作）

最佳工作场景：

- 参会人针对某一文件进行编辑、演示或共同分析一组数据。

- 所有参会人都有相同的技术工具使用权限。

- 所有参会人都能熟练使用技术工具。

需要考虑的事情：

- 如果你组织的会议将横跨多个时区，人们需要在正常的办公时间以外工作，以及他们是否在家里也能正常参会。

- 会议刚开始时可能会出现某项技术故障，所以在会议开始前请预先做好技术工具测试。

- 会议聚焦创建增值内容，而不是字斟句酌地整理文字，这类工作可以会后进行。

- 做好备份计划，以防有参会人在会议期间不能在线访问文档。例如，你可以将文档放在你的共享空间中，并将链接提前发给每个参会人，以备不时之需。

虚拟世界，参会人可以看到彼此的三维成像（同步工作和异步工作都可用）

最佳工作场景：

- 每个人都有相同的参会权限。

- 参会人都提前接受过培训，或者已经适应在虚拟世界中的操作。

- 参会人最好分成不同小组。各小组有不同的空间。虚拟世界中参会人可以进组讨论，如果参会人想看其他小组的讨论情况，也可以在各小组间移动。

- 你知道人们很容易分心，所以你需要一个有吸引力、沉浸式的虚拟世界。

需要考虑的事情：

- 这个工具对每个人都有用吗？

- 你如何确保每个人都能熟练地使用虚拟世界？例如，虚拟世界的QUBE空间，在新用户进入环境之前，要为他们提供一个简短的使用介绍。但如果新用户没有时间，也可以跳过这个环节直接进入虚拟世界。

- 提前测试——在真正开始工作会议前，请与虚拟团队共同进行一次测试。

对话皮特·班尼特（Pete Bennett），商业会议公司创始人

"我建议人们要学会用好一些基本设备。"皮特·班尼特说。作为全球免费电话会议提供商，他在伦敦创立了商业会议公司。我们是通过电话聊天的。我问他：作为虚拟团队技术的提供商有哪些诀窍？"让你所使用的技术尽可能简单，因为如果技术很复杂，当你从几个用户扩张到数万个用户时，服务就越可能变得稀奇古怪，而不能快速扩展满足需求。使用简单的技术，你将不会听见人们的借口，因为技术问题而无法加入会议。"尽管皮特是一名技术专家，但他和我的观点一致，即以人为本。

我问皮特如何看待人们越来越多地使用虚拟世界。他说："很多科技公司都在讲，未来人们可以用虚拟技术代替所有面对面的互

动。问题是高绩效团队的形成，会经历一个过程：形成、冲突、规范和高效。高效团队一般都要在面对面工作中产生，往往不会在线发生。我的建议是先把20%的传统会议用虚拟技术的形式试一试。我自己在做大型全球项目中的经验是：虚拟团队的第一次会议最好是大家面对面进行，并尽可能地相互了解。然后将虚拟团队会议日程固定下来，可以是每周一次的例会。我每周一上午9：30都会主持公司内部电话会议，电话会议一般持续5分钟或更短。周一的例会让人们的注意力更加集中，因为每周都有最后期限。在每周一的电话会议之间，人们都是异步工作的。"

皮特有海量关于电话会议的数据并有一些趋势分析，所以，我请他分享其中一些：

- 大多数会议会比预计开始时间晚两三分钟。商业会议系统可以看见这个时间段参会人员激增，多数会议在1小时内结束。为什么人们会错过或几乎错过预计的开始时间？为什么会议往往只开1小时或半小时？为什么人们只晚进入会议室几分钟？也许是人们低估了寻找会议室登录密码的时间，或高估了网络速度？也许他们之前的电话会议没结束？皮特自己的做法是电话会议一般晚10分钟正式开始，而且在20分钟内就结束会议，这种做法对他来说很有效。

- 越来越多的会议在英国的传统办公时间上午9：00至下午5：00以外举行。皮特注意到，有些电话会议是从英国时间凌晨4：00开始，而另一些则一直持续到英国时间晚上11：00。

- 尽管移动电话比固定电话的额外支出高很多，但用移动电话开会的趋势增长强劲。皮特认为这可能是人们为了能在开车或通勤的时候参加电话会议。

- 为什么商业会议公司只提供简单的电话会议，而不是在线视频电话会议服务？皮特认为对他们有利的关键因素是可靠性，音频的质量和稳定性更高，它不需要连接互联网，用户也更便于操作。

- 2015年伦敦地铁司机罢工时，伦敦地铁几乎全部瘫痪。那段时间许多公司允许员工在家工作，皮特本以为他的服务使用量会激增，但事与愿违，他却看到了相反的结果：这几天使用的分钟数减少了。皮特怀疑很多公司的员工对于"在家工作"的理解可能是"待在家里而不做太多工作"。

- 皮特看到大型电话会议越来越多，每个电话会议有成千上万的人接听电话。电话会议以一种安全的方式提供更广阔的触角（只通过一个电话号码），并且参加人数众多，出席率高。皮特发现，人们把这种广播式的电话会议与问答环节结合起来，这些问题来自推特、电子邮件或者短信提问等。其中一个例子是，一家律师事务所举办大型电话会议，向人们提供养老金变动的最新情况，并允许参会人在会议结束时提出问题。

我很感谢皮特分享了他的观察和发现，我很赞同他尊重人性、以人为本的观点。

电子邮件（用于异步工作）

最佳工作场景：

- 你在传递毫无争议的信息。

- 你需要反馈，但不需要立刻得到反馈。

- 有必要留一份书面文件。

- 异步工作不会放缓工作节奏。

需要考虑的事情：

- 这种方式既快速又便宜。

- 避免用电子邮件宣泄情绪或传递有争议内容。

- 主题鲜明结论先行，这样会让阅读者清楚地知道接下来要采取
  的行动。

- 将邮件发给真正需要看你邮件的人，而不是无目的地抄送给整
  个团队或小组成员。

- 随着时间的推移，电子邮件可能会让人产生误解，如果不加以
  纠正，这些误解可能会演变成全面的冲突。我知道是因为我亲
  身经历过！

- 目前新入职场的年轻一代，他们倾向减少电子邮件的使用。

会议音/视频记录（用于异步工作）

最佳工作场景：

- 人们错过了同步会议后，需要靠会议记录来跟上团队的工作节奏，比如错过了电话会议、视频会议、在线会议等。

- 会议包含的信息量很大并且复杂，无法通过简单的笔记和口头文字转录获得。

需要考虑的事情：

- 人们不是每次都有时间去听或看错过会议的音/视频记录。

- 听或看音/视频记录需要耗费与参加原会议几乎一样长的时间，所以你可以用记录重点的方式来缩短回放时间，这样做还能帮助那些不能流利使用会议语言的人更好地理解会议内容。

会议内容转录成文字（用于异步工作）

最佳工作场景：

- 当错过同步会议后，人们需要快速跟上工作节奏。

- 纯文字就可以达到效果。无法听到发言人的语调，或者看不到他们的肢体语言对传达会议内容不会有任何影响。

需要考虑的事情：

- 文字转录比看视频/听音频要快得多。

- 文字转录可以帮助语言不流利的参会人，他们可以看到文字，并以自己的速度阅读。

共享空间（用于异步工作）

最佳工作场景：

- 每个人都可以很容易地使用。

- 对于跨时区的团队尤为适用，因为每个人都可以在他们合适的情况下工作，而且他们可以根据自己的需要登录共享空间。

需要考虑的事情：

- 如果使用公共网络或其他公司的网络，可能会因为网络安全防护而无法登录。

- 保持共享空间的有序很重要，以便人们能够快速、方便地访问他们所需要的任何东西。

社交媒体和协作工具（用于异步工作）

最佳工作场景：

- 每个人都可以很容易地使用这些工具。

- 这些社交媒体和协作工具可以帮助虚拟团队以轻松和非正式的方式建立联系。

需要考虑的事情：

- 每个人都会参与吗？

- 如果从公共网络或其他公司的网络，登录这些工具可能会比较困难。

有一张表格涉及这部分内容，你可以从"引言"部分提到的资料库网站下载。

技术：虚拟团队工作的障碍

我们来看一下发生在虚拟团队工作中的技术问题。虚拟会议中几乎总会发生技术问题，前期的准备和预防工作，可以帮助虚拟会议过程不受影响。因为员工个人喜好而导致的技术障碍详见第3章。因为员工年龄代沟所带来的障碍详见第7章。

信息安全问题

虚拟团队成员在不同地点办公，可能是在家里办公，可能是在汽车里办公，也可能是在海外的其他公司里办公，因此信息安全问题变得显而易见。谁会参加你的会议？谁会登录虚拟团队共享空间？谁会旁听你主持的电话会议？黑客是否能够获取你提供给虚拟团队同事的关键业务信息？

处理信息安全问题有两种方法。第一是信息安全技术基础建设。其中包括密码、加密和防火墙。第二是保持警惕，确保你没邀请的人不能加入你的电话会议去旁听。使用电话会议系统可以显示所有呼入的电话号码，这样你可以识别每个参会人，如果不想让他们听，就把他们排除在会议之外。网络日志可以查找谁访问了你的共享空间，以及访问时间。确保离开虚拟团队的员工，不能再访问你的团队空间。

数据的安全性也很重要。许多私营企业和小组织直到出了问题，才意识到这一点，但为时已晚。试想一下，一家资金紧张的创业公司，初期一定是使用免费协作工具和共享信息，包括客户姓名和其他机密信息。虽然在一段时间内这样做效果很好，而且不会产生费用，但其实潜在的风险很高。试想一下，如果一位团队员工把没有设密码的手机忘在火车上，所有的机密数据都能让他人唾手可得，这将给这家创业公司及其客户带来多么严重的后果。通常，技术平台的使用成本越低，对用户使用和分享数据的控制就越少。

许多年前，我受邀为一家国际制造业公司进行风险管理审核。整个过程为远程会议方式，我与来自合作公司的其他审核员共同参加会议。他们在电话会议过程中加入了共享屏幕。不幸的是，在缓慢地下载了几个插件后，我才得以看到共享屏幕，但这已经耗费了我半个小时才加入会议。我加入电话会议后，没有人问我是谁，也没有人要求我做自我介绍。我不确定是否有人注意到我加入会议了！似乎有三四个人在交谈，但我不清楚是谁在说话。参会人员共有 20 人或者更多，谁知道呢！如果你在主持这样的会议，特别是会分享敏感信息的会议，请确认你知道都有哪些人来参会，同时保证他们都能看见你分享的屏幕。

跨公司问题

许多组织经常会在公司内网和外网之间安装防火墙等手段来保护公司的信息安全。这使得不在同一组织的员工组成虚拟团队一起工作的时候，由于防火墙的存在，导致虚拟工具无法正常使用。解决这一问题的最佳方法是与虚拟团队成员所在公司的IT人员积极合作，确保你的工具在其他团队成员公司内部也能够有效地工作。你可能会发现，这也许会导致你选择了不同的虚拟技术工具。例如，电话会议一般不会受防火墙影响，所以，当有技术问题发生时，人们常常会使用电话会议来代替视频会议。请事先准备好你的B计划，如果视频会议无法使用的时候，赶紧切换成电话会议。

互不兼容的软件或硬件

有时，技术工具支持跨公司防火墙工作，却由于软件或硬件不兼容而陷入困境。我发现英国的大多数大公司更喜欢使用经过考验、值得信赖的操作系统，这类软件一般都很旧了。有一次，我无法向一家金融服务公司的人共享电脑屏幕，结果发现是有几位虚拟团队成员在使用Windows 2000操作系统，像Windows 2000这样的15年前的操作系统，已经和我们目前的软件不再兼容。

熟练程度

如果人们已经在使用某项技术，并且使用起来很顺手也很稳定，那么人们会坚持使用这项技术。我的经验是，当新工具使用方法和现有工具不一致，人们可能会忽视或者尽量减少新工具的使用频率。

宽带接入是否便利

宽带接入在世界许多地方被认为是理所应该的，但它并不是无处不在。我在写本章的时候，正在法国南部的偏远地区度假，在我所住的别墅里，只有信号微弱、非常缓慢的宽带。我需要走到向日葵地旁边，才会有手机信号。

几年前，我在一个大型国际虚拟工作项目群中，我和一家巧克力公司的董事及西非几个国家政府代表一起采用虚拟团队模式工作。我们想使用共享屏幕和视频通话，但行不通。一位虚拟团队成员告诉我们，他必须开车1个小时才能接入可靠的宽带。最后，我们使用电话会议，因为移动电话更可靠，而且每个人都可以使用。

如果你计划在虚拟会议中使用共享视频和共享屏幕，请尽可能提供最佳体验，提前确保每个人都有足够的宽带速度使其正常工作，并准备好B计划，以防万一。

存储限制

管理好你的虚拟团队共享空间，确保有足够的存储空间可以共享所有需要共享的内容。否则，在上传文件的过程中看见存储已达极限的提示将会令人非常沮丧。

成本

很多虚拟技术都是"免费"的。例如，使用商务电话会议系统。虽然他们的会议系统是免费使用，但皮特的公司通过人们拨入会议系统所支付的通话费的一部分来赚取收入。对于创业公司来说，人们可能会使用自己的设备，通话费最终会出现在个人账单上。较大的公司都会有电话费预算。

英国有家慈善机构希望他们的员工可以采取虚拟团队模式，他们认为，这样做所需的投资是为每位员工购买一台带摄像头的笔记本电脑，这是相当可观的一笔费用。而且额外需要上网费、电话会议系统及相应的培训费。

某些高端工具仅技术而言就需要大量投资。例如，大型公司一般都会有专门的电话会议室。这类高端的视频会议设施，使每个人都能清晰地看到其他参会人员，并能体验到最接近面对面的互动交流。在这类会议室里，你可以对另一个参会人用只有他们能听的声音耳语。除了远程呈现技术本身的成本外，还需要在每个站点都有专用的房间和适当的技术支持，以使这一复杂的技术能够很好地工作。与许多其他技术相比，这些房间不太灵活，因为每个参与者都需要出差才能使用专用房间。除了视频会议技术本身之外，还需要在每个办公室都设置专用的会议室，并且配备相应的技术支持，确保这项复杂的技术能正常工作。与许多其他技术相比，视频会议室并不灵活，因为参会人需要通勤或者出差到公司办公室，才能使用会议室。

易于获取信息

你如何确保每个人都能找到他们需要的信息？

不管你的技术工具有多好，如果你的虚拟团队中某些成员没有相同的访问权限，那么就会削弱人们对此工具的信任，也会使我们更难有效的合作。如果有必要，恢复使用简单的工具。一个清晰架构可以帮助人们很容易找到文档，并知道在哪里放置新的文档。搜索器上配备筛选功能，有助于查找需要的文档。

如何做好版本控制？人们如何知道他们正在使用的文件是正确的版本？很少有人能搞清楚他们电子邮件收件箱中收到的多个文档版本中哪个才是最新版。

易于连接

人们是否可以随时随地获取需要的信息和使用工具办公（在办公室、家里、船上和跨国差旅的路上）？人们是否可以通过任何设备进行登录访问，无论是电脑还是移动设备，如智能手机和平板电脑？

个人需求

你的技术工具能适应个人的需求和喜好吗？例如，会议音频的音量可以调节大小，以便让听不清的同事可以听到。请重视人们的个人喜好，相较大部头的文字报告，人们通常更喜欢简洁明快的视觉引导。

音质

如果开会的时候不能看见发言人的肢体语言，那么把所说的话和语气结合起来更能帮助你理解发言人讲话时的心情。简单地说，音频质量越差的电话，人们能获取的信息越少。以我过去的经验，最好的音频质量来自传统的有线固定电话；使用移动电话或者VOIP电话会导致音质变差。

另一种导致音质较差原因是使用会议电话，那种会议电话只有一个中央扬声器可以与远程参会人交谈。当发言人坐在扬声器附近的时候，参会人员可以清楚地听到。不过，通常情况下，随着会议的推进，会议室里的人往往会忘记电话那边的参会人，很少关注他们。如果扬声器不能在房间里传递给要发言的人，那么音质就会受到很大的影响！

视频质量

目前视频工具能传输的影像越来越清晰，许多人开始使用他们的网络摄像头或手机摄像头来提供视频。这使得视频质量受多种因素影响。例如，照明光线就是其中之一，光线的明暗直接影响视频效果，如果视频里是背光，请尽量调整成顺光；如果无法调节光线角度，我们在视频里就会像黑色剪影一样，那就干脆关掉摄像头。

▎技术：如何与人脑协同

我们探索了各种各样的虚拟团队技术。但我们还没考虑，如何利用这些技术补充我们自有的技术工具——我们的大脑。虽然我发现这是克服虚拟团队中许多固有困难的关键，但并没有被人们广泛讨论。我的研究发现虚拟团队的最大挑战是"引发远程人员的投入"。虚拟团队成员很容易失去目标，许多人从事多个项目，有些是本地项目，有些是远程项目。我们所在的环境总会不停地分散我们的注意力，有些是与工作有关的，而有些不是。当我在面对面会议上，看见参会人正忙着与会议无关的事情时，我会想到开电话会议的时候，远程参会人有多少能心无旁骛？然而，这些问题的解决办法，都建立在我们的自有技术——我们的大脑里。我发现了几种不同的吸引人的做法，包括：

- 可视化和图形。

- 面孔。

- 故事和叙事形式。

我们将在本章中介绍第一种，简要介绍第二种，因为前两者都涉及支持技术的使用。第5章将会涵盖更多关于故事和叙事形式，更侧重如何让人们愿意参与会议之中。

使用可视化工具和图形

我们的大脑天生就是视觉思考，并喜欢聆听和回忆故事。在人类大脑内部，数以亿计的神经元作用于视觉处理，大约是用于处理听觉的10倍。我们通过眼睛收集大量的信息，并瞬间处理它，因此，我们的大脑几乎是立即就能了解所看见的事情。阅读书面信息则需要花费稍长的时间，而且不会被准确地记住。图4-1是本章的思维导图。请再看一遍图4-1，留意一下你对本章结构理解得有多快。如果你想从头开始梳理本章结构，即使你已经阅读了本章的大部分内容，你依然会花费很长的时间来完成。我们的祖先，就像留传下来的故事一样，喜欢用图画来交流，从洞穴画开始，逐步演变为我们用图片、地图、图表等来分享信息，在虚拟团队中这样做的效果也同样很好。

当人们不能面对面在一起的时候，让人们专注于一个话题最有效的方法是用可视化的方法分享信息。对于无法面对面的虚拟团队会议，给参会者提供一些视觉化的东西，有助于他们保持专注。

思维导图作为一种结构化展现想法和信息的可视化工具非常有用。每张思维导图都有一个中心主题或想法，所有的分支都是从中心主题发散出来的。每个分支代表与中心主题相关的想法或观念。每个分支还能细分为更详细的分支。这是一种非常强大的结构化方法，当你想要分析、合成、理解、记忆或产生新点子时，思维导图会很有帮助。我会用思维导图来规划项目，规划我如何度假，甚至用来构建这本书的每一章。一般来说思维导图都是在纸上绘制，但在虚拟团队环境中，我们可以在共享屏幕上使用思维导图绘制工具。在这种情况下，远程同事可以实时看到你在绘图工具中所做的变更。

我的经验表明，所有的视觉呈现效果都很有力，在整个会议上持续的图片变化可以让参会人集中注意力。在我主持的虚拟会议中，我在共享屏幕上进行现场思维导图绘制，人们会集中注意力，因为在我说话的同时，他们可以看到眼前的变化。

2015 年，我曾经为英国项目管理协会（APM）主办过一个关于虚拟领导力的在线研讨会。我使用平板电脑在共享幻灯片上实时绘制，并且边说边画。当我得到会后反馈时，我发现我是第一位在 APM 在线研讨会上现场作画的演讲人。我问组织者"这有什么不同吗？"组织者告诉我，参加 APM 在线研讨会的人数通常会在短时间内达到高峰，然后随着时间的推移，参会人在会议结束前就离开了，会议人数通常会急剧下降。在我的研讨会上，因为有现场绘图，出席人数增加到了一个高峰后保持不变了，几乎每个参会人都坚持到了会议结束。如果你感兴趣我自己当时的绘图是如何引发人们的专注力的，这次研讨会现在还可以在线观看（普兰，2015）。

如何在虚拟会议中创建视觉效果，会后还可以与参会人和其他人共享？因为我很习惯在人面前绘画，所以我用绘图平板代替鼠标，连接到我的电脑上。绘图平板附带一支笔，我用它在平板上作画，这幅画就出现在我的电脑屏幕上。只要我和别人分享我的屏幕，他们就能看到我画的一切。大多数演示软件都包含可用在幻灯片上绘画的笔。作为绘图平板的替代，你可以使用触摸屏，并且你可以直接用手指或触笔进行绘制。

目前为止，我描述的都是虚拟团队中，只能单人实时分享绘图创作。另一种选择是，支持虚拟团队成员在共享屏幕上绘图和查看的应用程序，即使他们彼此相距遥远。每个人都拥有可共享产出，因为他们都对产出做出了贡献。另一种选择是使用智能白板，每个工作站都有一个白板，它们相互连接，并实时显示其他站点在智能白板上所绘制的所有内容。

虚拟会议上使用的实时绘图设备配置如图4-6所示。

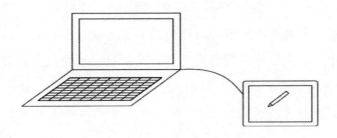

图4-6　虚拟会议上使用的实时绘图设备配置图

使用面部头像吸引人们参与

新生儿喜欢看任何像"脸"的东西，如头像、玩具，甚至是插座。这似乎是人类的天性，让婴儿与呵护照顾他们的人建立早期联系，其中的一些联系可能会持续到成年。成立于2004年的"脸书"（Facebook），在2015年的一天内就拥有了10亿用户。我很疑惑，是否是因为有朋友的头像照片才鼓励人们不断访问"脸书"。

我注意到，如果虚拟团队成员能够看到对方的面孔，或者仅仅是团队中每个人的头像照片，他们的互动都会变得更好。我喜欢创建虚拟团队的整体图片，先显示出一张世界地图作为基础，或者是虚拟团队成员所在地区的地图。然后，我在团队成员所在位置添加他们的头像，当然，这需要经过他们的许可。接着再添加上每个人的姓名和联系方式。最后我把这张图打印出来，并发送到每个团队成员的位置。团队成员反馈说，他们发现这地图很有用，他们可以指着这张地图，看见其他团队成员的微笑面庞，并提醒自己并不孤单。你可以在第3章中看到一个虚拟团队地图的示例（见图3-9）。

超越面对面世界的可能性

我们习惯于用物质世界的知识来限制虚拟世界。当人们不再受到距离的限制，各种新的可能性也随之出现。让我们来看看下面这个商业例子，想象一下，安排一名同声翻译参加会议需要花费多长时间？除非有同声翻译早早在会场外做好准备，否则临时邀请一名同声翻译可能需要花上几个小时。但电话会议就不同了，某些会议组织者可以在60秒内为你安排一名同声翻译，语言种类可以是世界上排名前100的语言中的任何一种（当然，额外收费），多棒！

在本章前半部分，当你读到QUBE虚拟世界的故事，你可以看到有几种方法可以帮我实现一些在现实世界中不可能的事情。通过点击一个链接，我可以立即从入口大厅跳到埃迪·奥本教授的办公室。当沃特霍恩博士想让我们在小组工作后回到一起时，她能把我们瞬间拉回到一个圆圈。埃迪甚至让我们飘浮在空中，这让我有点失重的感觉！

我在写本章的时候参加了一个会议。它在美国亚利桑那州的凤凰城举行。我需要从伦敦的希思罗机场坐10小时的飞机。在3天的会议期间，我和1 000多位参会人坐在一个巨大的房间里。会议非常棒，有很多非常有用的内容；然而参加会议却花费了很多的时间和费用，时差也带给我很大困扰。拿这次经历和我自己的虚拟团队工作年度峰会做个比较吧。几天后，我在家里的办公室主持了这次虚拟团队工作年度峰会，有来自世界各地的2 000多人参加了此次会议。有来自62个国家和跨多个时区的参会人，每一次会议都会被音/视频实时记录，并允许人们在峰会结束后的一天内，在他们最佳时间段来倾听，这更有意义。

我分享这些例子，是为了鼓励你不要让你在现实世界中的习惯限制你在虚拟世界中的思维。在某些方面，你可能会变得更快、更有效率，这是你以前从未想到过的。

浮生一日：瑞秋·史密斯（Rachel Smith）

瑞秋是一位数字化视觉引导师，她既和团队面对面工作，也和虚拟团队共同工作。瑞秋会基于视觉效果来帮助客户"理解他们的意思"，她很乐意把技术推向极限，为团队服务。你可以观看她与我和大卫·西贝特（David Sibbet）的可视化虚拟会议视频（史密斯、西贝特和普兰，2011）。这个故事讲述了瑞秋咨询工作的典型一天，如何运用一系列技术将面对面工作和虚拟团队工作结合起来（对于那些没法出现在"世界咖啡"（World Café）的人来说，这是主持大型团队讨论的一种方法）。

那是一个周二，我在早上6：00起床，花点时间回忆一下这是哪家酒店，身处哪个城市。我穿戴整齐，吃过早餐后准时出门，并

于7：45抵达会议室。

今天的时间被两个客户占用：一个是和他们高层领导团队的面对面会议，帮他们梳理公司的愿景和战略，会议持续到下午3：00。另一个会议从下午4：30到晚上7：30，做一个关于视觉引导的在线"世界咖啡"远程会议。典型的一天吗？不完全是，但对我来说越来越司空见惯了。

下午3：45，我回到酒店，打开我的笔记本电脑、平板电脑并连接好宽带。再换上更舒适的虚拟团队服后，我点了晚餐，然后"世界咖啡"会议开始了。我加入了会议两次：一次是在我的笔记本电脑上，在那里我有网络会议室、谷歌文档和接通的Skype电话；另一次是在我的平板电脑上，我准备在平板电脑上分享我的屏幕，这样会议里的每个人都可以看到我画的视觉引导。

在接下来两个小时的谈话中，我大部分时间都在听"突破小组"的发言，"世界咖啡"技术支持人员把我从一个小组转移到另一个小组。我在笔记本上快速记下每个小组讨论的模式和主题。同时，我正在为我的最后总结创建视觉引导。当时间到了，我分享我的屏幕，虚拟会议小组成员都可以看到它，并且，当人们发言时，我捕捉他们所说的重点并将它们画了下来。

"世界咖啡"会议于晚上7：30结束。我花了半小时对文件做些最后的修改，然后将最终版文件发电子邮件给客户。在那之后，我打电话回家，和家人聊了一会儿。我本来考虑是否去看个电影，但最后我还是在晚上10：00前倒在了床上。

▎总结

本章探讨了技术如何支持虚拟团队工作。我们看到不同的技术是如何与虚拟团队工作配合的，在不同情况下使用哪种技术来促进虚拟团队的工作最为有效。我们还讨论了如何发挥人类大脑力量的一系列做法。

无论你选择使用哪种技术，都不要完全依赖此技术。一定要给自己留条退路，一般来说，技术越简单越可靠。

▎问题反思

以下是一些有价值的问题，可以帮助你选择在不同情况下的最佳技术。

（1）你需要利用虚拟工作方式实现什么？

（2）你将使用哪种类型的虚拟会议和协作工具？在同步和异步技术方面，你已经掌握了哪些技术？你还需要其他什么技术？这样做的成本和收益是什么？

（3）如果你需要新技术工具，安装需要多长时间？许多虚拟技术都可以通过云服务获得，因此能被快速安装。你的组织对于信息技术的基础设施和信息安全的要求是怎样的？部署这些技术工具要花多少钱？你的投资收益和风险是怎样的？你期望的投资回报是什么？

（4）你使用的工具是否便利？人们是否已经熟练使用这些工具

了？你将如何解决本章所提到的技术障碍？

（5）你如何确保所有人都有同样的技术工具使用权限？

（6）你所选择的技术工具将为使用者提供什么级别的社交关系？人们的互动程度有多高？人们如何知道什么时候使用什么技术？

（7）你的团队成员如何使用你选择的虚拟技术？他们都有能力使用吗？他们需要什么样的培训，具体为谁培训？

（8）当人们使用虚拟技术工作时，如何利用人们大脑的不同来保持他们的投入度？

参考资料与延伸阅读

[1] Buzan, T （2003） *Use Your Memory：Understand your mind to improve your memory and mental power*, BBC Worldwide, London.

[2] Dirksen, J （2012） *Design for How People Learn, New Riders*, Berkeley.

[3] Fried, J and Hansson, D （2013） *Remote：Office not required*, Random House Inc, New York.

[4] Hall, K （2007） *Speed Lead：Faster, simpler ways to manage people, projects and teams in complex companies*, Nicholas Brealey Publishing, London.

[5] Harrin, E （2016） *Collaboration Tools for Project Managers*, Project Management Institute, Newtown Square.

[6] Johansen, R （1988） *Groupware：Computer support for business teams*, The Free Press, New York.

[7] Lipnack, J and Stamps, J （2000） *Virtual Teams：People working across boundaries with technology*, John Wiley and Sons, New York.

[8] Lipnack, J and Stamps, J （2010） *Leading Virtual Teams：Empower members, understand the technology, build team identity,* Harvard Business Press, Boston.

[9] Pullan, P （2015） [accessed 11 September 2015] Leading Virtual Project Work, *Association for Project Management,* 10/7 [Online] https://www.apm.org.uk/news/webinar-recording-penny-pullan-talks-through-leading-virtual-projects.

[10] Smith, R, Sibbet, D and Pullan, P （2011） [accessed 2 March 2016] Visual Virtual Meetings [Online] https://www.youtube.com/watch?v=pLqxQKeoAFA.

| 第5章 |

领导虚拟团队会议

本章探讨如何主持虚拟团队会议。这里所讲的会议是说虽然参会人身处各地，但可以通过使用技术手段实现同时在一起开会。为满足此要求，需要使用同步会议的技术支持，如音/视频，抑或虚拟世界。本章讨论了如何为虚拟团队会议做准备，如何主持会议效果最佳，在会议中，如何让人们专注会议并投入会议主题的讨论，以及如何确保人们在会后采取行动。即使你不负责主持会议，也能做出积极的改变。我们讨论如何开会，这些会议既有现场面对面的人参加，又有远程的人参加。我将分享如何将会议的力量发挥到极致。

当然，虚拟团队领导力不仅是通过会议实现的，而且也是通过会议之外实现的。本章侧重于会议，下一章则侧重于会议之外。

阅读完本章，你将：

• 清楚地理解如何为虚拟团队会议做好准备。

• 选择合适的策略来吸引虚拟团队会议参会人的投入。

• 如何鼓励人们在会议结束后采取行动。

• 当你不负责主持会议时，仍有一系列方法可应用。

• 知道面对面会议和远程会议如何同时举行。

• 知道如何让会议设计符合人性。

希望你读完本章后，在未来主持你的虚拟团队会议时，能让每位参会人员都认为会议是有效的、有产出的和愉悦的，包括你自己！

本章思维导图如图5-1所示。

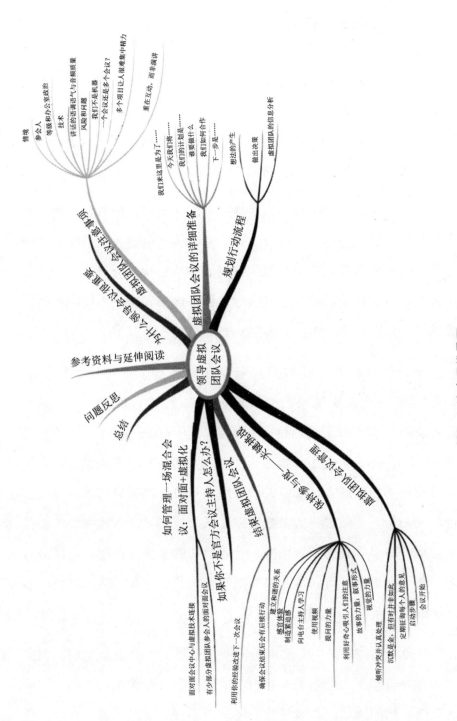

情境
参会人
等级和办公室政治
技术
讲话的语调语气与音频质量
风险和问题
我们不是机器
一个会议还是多个会议?
多个项目让人很难集中精力
重在互动,而非演讲

我们来这里是为了······
今天我们将······
我们的计划是······
谁要做什么
我们如何合作
下一步是······

想法的产生
做出决策
虚拟团队的信息总分析

虚拟团队会议的详细准备

规划行动流程

领导虚拟
团队会议

虚拟团队会议需要注意事项

会议后团队合作

参考资料与延伸阅读

问题反思

总结

如何管理一场混合会议:面对面+虚拟会议

如果你不是官方会议主持人怎么办?

结束虚拟团队会议

需要避免的事——与场景相关

团队沟通要避免的事——环境

面对面会议中心与虚拟技术连接
有少部分虚拟团队参会人的面对面会议
利用你的经验改进下一次会议

确保会议结束后有后续行动
建立和谐的关系
感宜体验
制造紧迫感
向电台主持人学习
使用视频
提问的力量
利用好奇心吸引人们的注意
故事的力量:叙事形式
视觉的力量
倾听冲突并认真处理
沉默是金:低有时并非如此
定期征询每个人的意见
启动议步骤
会议开始

图5-1 本章思维导图

| 为什么领导会议很重要

本章我们讨论如何领导虚拟团队会议。在这样的会议中，我们的参会人身处各地，而不是坐在同一个会议室里。他们非常多元化：从他们不同的国籍和文化背景，到所扮演的角色；从他们不同的母语，到不同的代际（年龄层），都有很大的不同。

尽管许多人试图用传统方式主持虚拟团队会议，但事实证明，指令和控制的方式并不适用于远程工作。参会人可能是人在会议中（电话或其他技术设备显示连接状态），但心却早已跳到会议之外了。因此，我们需要一种全新的引导式领导风格，激励和激发人们的兴趣，在虚拟团队会议中保持参会人的注意力集中。

作为会议引导者，我们的目标是协助参会人尽可能放松，让他们尽可能有效地实现他们的目标。事实上，拉丁语中"引导"（facilitate）一词的来源为"使……容易"（to make easy）。大卫·西贝特（David Sibbet）将引导描述为："通过鼓励人们的积极参与，发扬和发挥责任感和创造力，激发人们实现共识目标的领导艺术。"（西贝特，2003）。我敢说，大多数虚拟团队会议都缺乏积极参与、责任感和创造力！引导式的领导风格，是我所知的主持虚拟团队会议最有效的方式。会议引导得好，人们的参与度、责任感和创造力就显而易见。我将在本章中探讨这种工作风格。

当引导者保持一种中立态度的时候，引导别人是最容易的，但虚拟团队领导者却不太可能是中立的。他们会有自己的观点，同时，他们也希望自己的团队既高效又独立地做出决定。这意味着，领导者在主持虚拟团队会议时，需要扮演好几个角色：他们作为中立的引导者的角色；他们作为虚拟团队成员的角色；他们作为虚拟团队领导者的角色。

在任何时候你都要戴一顶"帽子"，扮演一个角色，你时时刻刻都要清楚，你是在扮演一名中立的引导者，还是在扮演一名要分享有价值信息的团队领导者。这种复杂角色的混合，通常被称为引导式的领导力（facilitative leadership）。

我所介绍的大部分内容都是关于如何管理好虚拟团队会议的，但决定平庸会议和伟大会议之间的区别是领导力，好的领导者分享愿景，并以身作则。

虚拟团队会议注意事项

我在本章着重论述了对虚拟团队会议至关重要的几个关键问题。我们一起逐一审视这些关键问题，以便让接下来的任何会议都取得成功。

情境

你首先要考虑的是会议是否合适和有必要。

大多数虚拟团队的工作都是在会议之外，使用协作工具进行的，细节我们将在下一章详细介绍。虚拟团队的会议是相对复杂的，特别是当参会人跨多个时区，多种母语混合，不同文化和不同代际。虽然会议可以让参会人员更好地互相了解，并实时互动，但并不是每种类型的工作都需要通过会议完成。例如，许多人使用虚拟团队会议来共享幻灯片上的信息——其实这并不需要实时分享，可以在会前直接发给参会人。有些人只选择使用虚拟团队会议，从不考虑其他工作方式。所以，请扪心自问："为什么需要开虚拟团队会议，并且，仅开一次会就能达到我想要的结果吗？"

参会人

当你想清楚为什么要开会并选择开会，接下来就要考虑需要参会的人员了。是否需要每个人都参加？他们的角色是什么？他们会给会议带来什么？他们需要使用何种资源来参加会议（可能需要特定登录技术或翻译）？我们在第3章中讨论与他人合作的各个方面，你可能会发现在这里回顾一下你团队成员的文化差异、身份背景和相互的信任度等是很有用的。参会人会给你带来怎样的复杂的问题需要你处理？在第7章我会详细介绍如何处理不同文化、语言、代际和跨多时区等问题。

等级和办公室政治

当你确定了虚拟团队会议的参会人后，需要考虑以下这些问题。参会人在组织中处于不同层级吗？如果是的话，级别差异会干扰会议吗？考虑参会人可以匿名发言，或小组讨论得出结论，而不是强调是谁具体贡献了何种想法。你可以安排一个中立人员收集每位参会人的意见，然后将这些意见公布到共享屏幕上。会议引导者必须保持中立态度，并得到每位参会人的信任，否则思想的流动就会停止。另一种有效方式是安排人们提前匿名提交他们的想法。请记住，如果以电子文件形式提交，有些人可能会觉得自己会被追责，从而阻碍他们的参与与投入。匿名提交也可以降低办公室政治对会议产出的影响。

如果即将召开的会议特别重要，或者内容有争议，那么虚拟团队会议领导者最好提前与每位参会人进行一对一的电话沟通，这将会很有帮助。当你设计会议时，请充分考虑你所关注的问题、特定观点和关键症结。虽然将讨论局限于少数几位资深参会人是很诱人的，但这可能给未来埋下问题的种子，所以，最好提前与每位参会人都进行沟通。

技术

虚拟团队会议需要技术的支持，这种技术允许不同地方的人同时进行交流。你可以在第4章中了解更多关于技术方面的信息。这里讨论了一些可能的同步技术：即时消息、视频、共享屏幕+音/视频会议、智能白板+音视频会议、共创工具、视频直播、高清视频会议室和虚拟世界。

作为虚拟团队领导者，请确保所有的参会人都可以使用要用的技术，并获得相同的服务质量和体验。

在2000年，我参与了一个需要和西非各国政府、巧克力公司和非政府组织合作的项目群。我们一起努力，帮助西非的巧克力生产摆脱雇用童工的恶劣状况，确保巧克力的生产是符合联合国国际劳工组织标准的，包括不雇用本该上学的孩子在可可农场砍树或喷洒杀虫剂。

我以项目群经理的身份加入这个小组，去实施一个试点认证项目群。工作人员走访了一些独立经营的可可农场，检查农场是否使用任何形式雇用童工。西非有300多万个这样的农场，这是一项艰巨的任务！

虚拟团队每个月面对面地会晤一次，每次开一两个小时的会，通常在布鲁塞尔或日内瓦召开，参会人可能还在参加其他的会议。不开会的时候，我们用电子邮件和电话会议保持联系。小组成员驻扎在不同的地点，从美国西海岸到加纳、从象牙海岸到欧洲各国。仅仅靠电话和电子邮件其实效果并不理想，但由于有的团队成员位于偏远的可可产区，使用视频或共享屏幕不太现实。许多偏远地区没有稳定的宽带互联网，但移动电话基本运行良好，电子邮件也很容易访问。由于每个团队成员都受雇于不同组织，在云存储时代之前，我们没有共享空间，以便团队成员在会议之外的时间里相互协作。

我在想这个项目如果放到 10 年后的今天，会有多大不同，会有更广泛的宽带网络和云协作工具可供团队使用吗？我猜想，我们可以使用共享屏幕，通过视觉引导来向团队阐述我们的想法。我们不会再用邮件轰炸的方式进行争论了，也无须了解与我无关的争论的来龙去脉。我们会确保每个人都有项目文件的最新版本，这对当时的我们来说帮助太大了。但当时也有我们做得很棒的地方，比如电话会议的高质量声音、会议精心策划和悉心准备、沟通的顺畅、强烈的团队意识、良好的人际关系和全方位的相互信任。

讲话的语调语气与音频质量

当人们说话的时候，其实包含了3种交流方式：所用词语本身、说话的语调语气和肢体语言。如果你看不见肢体语言，单靠说话声音，就像参加电话会议，那么，最重要的事情是人们既能听清发言者的每句话，也能听清所使用的语调语气。我建议，虚拟团队领导者需确保他们开会时的音频质量尽可能高，无论他们使用哪种技术。

2015年11月，我举办了年度虚拟峰会，主题是"在变化的世界中虚拟团队如何工作"。

会议中有个环节是播放马克（Mark）和约翰（John）的发言，他们两人都是跨国保险公司的商业分析师，并且都在做一些敏捷项目，这些项目在快速迭代中前进，而不是像传统瀑布式项目那样通过需求、计划、设计、构建和测试缓慢地推进。

他们做远程敏捷项目许多年了，团队成员分散在世界各地，他们已经积累了足够的经验和信心，能够远程管理项目就像面对面工作一样。我们会面的那天，我准备好了很多问题，想咨询马克和约翰。不少问题是由那些想知道他们是如何远程管理敏捷项目工作细节的参会人提出来的。我刚刚接入会议，就听见远处传来低沉的声音，"嗨，彭妮，我是约翰，马克和我在一起。我们订了个会议室，这里有一部特殊的会议电话。"问题来了，电话放在一张巨大的会议桌中间，距离马克和约翰都很远，音频的质量非常差。我们使用的是网络电话，我很难理解他们所讲的内容，因为他们的声音都含糊不清。这对会议录音来说可不是好兆头。我们试着改用手机通话，但音频质量仍然很差，甚至有更多的噪声和嘶嘶声。

最后，我们决定把录音的时间推迟到约翰和马克都可以在家工作并使用固定电话为止。幸运的是，我们最后的录音质量很好。约翰和马克的发言受到参会人的热烈欢迎。然而，我很想知道，有多少组织在他们的音频质量上是有问题的，以及当人们只能通过音频进行交流时，会产生怎样的效果。

风险和问题

可能出现什么问题？在你的会议上，有什么比计划的会议内容更重要？风险绝对是最需要考虑的不确定因素。它们可以是正面的机会，也可以是负面的威胁，所以，考虑一下可能会发生的问题，以及你的应对方案。是否有其他人能比你更好地处理一些风险？稍后回顾一下你面对的风险，看看什么已经改变，什么需要做必要的调整。

我发现，虚拟团队会议中的许多风险，来自参会人（或没参会的人）和技术。大多数虚拟团队会议都会由于某种技术故障而延迟几分钟开始，即使这里有最有经验的参会人和最可靠的技术。因此，我习惯在会议正式开始前5分钟接通电话，并看有谁已经加入会议和他们身在何处。这使得会议正式开始前，任何技术问题都能有点时间进行解决。

还有哪些已知问题会影响你的虚拟团队会议呢？你要怎么处理？

我们不是机器

当你计划召开虚拟团队会议时，请记住我们是人，不是机器。这一事实却常被忽视，甚至被遗忘。我想知道，你是否参加过这样的虚拟团队会议，会议持续了几个小时，人们需要一直看着屏幕而没有中场休息。我坚信，肯定不止我一个曾在虚拟团队会议中，悄悄起身去洗手间。当我问人们在电话会议里听到冲厕所的声音是否介意时，大多数人都表示介意。

计划好休息时间，让人们可以喝点东西，去个洗手间。会议时间可能对你来说不是用餐时间，可对于其他时区的同事，可能正好是他们的用餐时间。如果他们不渴、不饿，或者盘腿而坐，肯定会更集中注意力参会。我有一个经验法则，虚拟团队会议每开1小时要休息一下，最长90分钟必须稍事休息。

一个会议还是多个会议？

最好确认一下，虚拟团队会议是否需要成一系列较短的会议。因为随着时间的推移，只举办一次长时间的会议，往往会对虚拟团队工作产生反作用。

我采访了汤姆（Tom），他在一家英国供应柴油发动机零部件的公司担任设计工程师。他被要求参加在美国日间举行的会议，他的同事都会参会。起初汤姆很高兴能远程参加，这意味着他不必旅行，不用倒时差，也不用耽误好几天的工作。但实际上，会议是电话会议，这意味着他需要从英国下午2:00到晚上10:00，一直坐在办公室的办公桌前打电话。他是唯一的远程参与者，因为其他人都在纽约。他告诉我，在会议的大部分时间里，同事们似乎把他忘得一干二净，直到同事们需要他提供意见。但在那时，他已经失去了兴趣，在办公室枯坐8小时之后，他都快睡着了。同事们喊他的名字，他才参加谈话。这是很好地利用了汤姆的时间吗？绝对不是！

美国的同事们怎么才能让汤姆的贡献最大化呢？他们其实可以改变一下会议方式，比如，下午3:00在办公室和汤姆开个会，晚上9:00再开一次会，这样汤姆可以从家里接入电话，看看同事们还需要他做哪些说明。这样做很容易，也可以节省汤姆很多时间。一个虚拟团队的领导者需要想出更好的会议设计方案，就需要能够站在每个参会人的角度安排会议，尤其是当有人需要远程参加，而其他人则在同一个房间的时候。

多个项目让人很难集中精力

许多虚拟团队成员会同时负责好几个项目。请记住，你的会议并不是他们唯一的焦点，而且他们很容易分心。与很多项目经理合作的经验告诉我，大约有2/3的项目经理同时负责多个项目。大约有30%的人同时负责5个或更多项目。有那么多事情需要同时考虑，虚拟团队项目很容易被忽略，相比之下，本地面对面的工作，更容易得到更多关注。无可厚非，本地项目会获得更多支持，因为团队成员可以直接走过去看看事情进展如何。

所以，如果你的会议参会人有许多其他事情萦绕在他们的脑海中，你需要更加努力地确保在你的会议期间，让他们集中注意力参加会议。"如何保持人们的参与度"，这是一项关键挑战，详细内容请看第6章。

重在互动，而非演讲

很多时候，虚拟团队会议全都是演讲和演示。人们开不了多长时间就离开了，特别是当他们忙着做多个项目的时候。团队工作回顾会似乎特别容易发生这种情况，人们用太长的时间来展示自己的工作细节。请记住，如果没有互动，人们是很容易丧失注意力，所以，这类信息可以在团队内异步共享，而不需要所有团队成员实时在线聆听。凯文·霍尔（Kevan Hall）建议以一种更好的方式来进行项目工作回顾会：每个成员只能用5分钟展示3张PPT（霍尔，2007）。这3张PPT需要包括：工作概况；自己的工作给他人带来的启示；工作中他引以为傲的事。

让人们列出需要得到别人什么支持（需求），同时，他们还可列出可以为其他团队成员提供什么支持（贡献），这种做法很有用。凯文还建议，精简参加回顾会的人数，最好控制在最低限度。

虚拟团队会议的详细准备

精心的准备可使虚拟团队会议进行得更加顺利。考虑上面列出的所有会议影响因素，然后详细策划你的会议。这可能需要花费大量的时间来做前期准备，为可能出现的问题做好应急预案。所以，我们最好将注意力集中在几个重点问题上，并将这几件事情做好。

如何做好启动会议，我建议遵循如下6个步骤，如图5-2所示。如果你在准备会议时确保这些内容是清晰的，并使用它们介绍你的虚拟团队会议，那么，你的会议就成功了一半。它们带来了会议中最容易被忽视的清晰性，无论是面对面会议，还是远程会议。

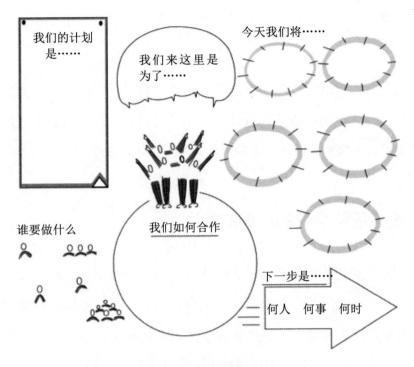

图5-2　启动会议的步骤

资料来源：©2007 Making Projects Work Ltd,（used with permission）。

下面让我们依次按这6个步骤进行探讨。

我们来这里是为了……

明确会议的目的十分重要，你应该简明扼要地陈述此次会议的目的，用7~10个字概括。目的应该是你召开会议原因的概述，而不是你想要实现的所有事情的清单！如果没有明确的目的，会议很可能失去重点，偏离方向。一个明确目的，可以帮助我们更容易地确认谁应该参会；应该鼓励谁去做什么。这将帮助人们保持专注。明确会议目的的一个例子是："我们今天要商讨的是：年度项目群决策。"

今天我们将……

如图5-2所示，在这个部分有5个圆圈，帮助你为会议设定5个目标。请确保你知道你的主要目标是什么，以及你知道什么时候你已经实现了这些目标。对于大多数虚拟团队会议来说，设定四五个会议目标就足够了。目标过多的话，你的会议可能会超负荷或/和失去重点，这将是灾难性的：人们会悄悄离开，去参加下一个会议，或者他们的注意力会减弱。

下面是刚才所说示例中的一些目标。

- 介绍每个人。

- 回顾今年针对特别利益相关方项目群的情况。

- 选择6个潜在的演讲人。

- 明确6个年度时间节点。

- 审议后续行动并达成一致。

我们的计划是……

会议计划需要仔细安排，明确不同的时间会做什么事。会议何时开始和结束？何时大家可以茶歇？也许，有些人可以只参加会议的其中一部分，而不用从早到晚参加整场会议，

例如："这个电话会议将在下午6：30开始，直到下午7：45结束。我们的主席将于下午6：50参加会议，她会做自我介绍，并且阐述今年的工作重点。"

考虑会议计划时，先设定会议的总时长。会议需要多长时间？如果会议时长可能超过60分钟甚至90分钟，那么请考虑将其分成两个或几个时间更短的会议，以保持人们的注意力集中。

谁要做什么

此步骤的目的是帮助你确定虚拟团队会议所需的角色。典型的角色包括计时员、会议引导者和会议记录员。记录员的存在是为了记录此次会议做出的决策和行动方案。记录员应该将会议决策和行动方案放在会议共享屏幕上，或者将其通过短信的方式发送给每位参会人。关键是让每个人都能看到会议达成的共识结果，并强调他们是否需要在会议上做出任何变更，而不是等到会议结束后再对结果不满并要求做变更。

典型的角色可以包括："彭妮——会议主持""弗雷德（Fred）——会议计时""利兹（Liz）——记录会议达成的共识""所有人——参会人"。

我们如何合作

通过为你的虚拟团队会议制定基本规则并达成共识，这是将问题扼杀在萌芽中的关键一步。这些规则解释了小组将如何合作。当每位参会从会议开始时就要会议规则此达成共识。有一些现成的关于规则的建议可供参考。下面是我在开虚拟团队会议中使用的一些规则。

- 会议发言时请先说自己的名字，以防有身份不明的人浑水摸鱼。

- 如果你身在嘈杂的环境中，请将电话静音，以阻止广播或犬吠之类的噪声干扰你的虚拟团队会议。

- 任何时候都只能有一个人发言，确保你的电话会议不会陷入混乱。

- 每10~15分钟与大家互动一下（提问或征求大家的意见），让人们意识到他们可能会被要求提供意见。这种问题输入和结论输出的方式很有效，你只要依次按问题要求让相应的与会者提供意见就好。

其他需要考虑的基本规则，包括以下领域。

- 你的虚拟团队将如何处理保密性问题，特别是当你为不同组织工作时。

- 互相尊重，一个好的做法就是愿意倾听别人。

通过事先预见问题和共识团队会议基本规则，可以避免日后很多不必要的冲突。

我喜欢加上这条基本规则——"拼写不重要"，这样可以让那些有阅读障碍或书写焦虑的人在书面输入时充分参与。而且，当我解释为什么我的拼写会出错时，通常会引起一阵笑声。

最后一点提示为：别叫他们遵守基本规则！相反，谈一谈"我们如何合作"。词语"规则"具有权威和等级的含义，而这两种含义都与虚拟团队会议最重要的引导性和参与性特质背道而驰。

下一步是……

在开始虚拟团队会议前，请考虑一下之后将发生什么。到什么时候谁会做什么？你将如何捕捉会议中达成的行动计划，以及你将如何在会议中和会后分享这些行动计划？谁会跟进这些计划，以及如何跟进？

规划行动流程

虚拟团队会议也需要规划流程：你如何让虚拟团队产生出好点子？你如何做出一个决定？思考后，许多流程可以借用面对面会议模式来实现，特别是可以包含异步讨论和协作的行动。在本节中，我将详细说明当你策划虚拟团队会议时，流程方面最需要考虑的几个关键问题。

想法的产生

如今在商业中使用的会议工具，头脑风暴是最受欢迎的工具之一，但面对面会议中使用效果却并不太好。职位高的人经常会垄断会议，而且，随着会议室里人数的增加，每个人的想法很难都被听到。在同一房间内，很容易看见是谁在贡献想法，这会阻碍创造力，政治和等级制度会阻碍好的想法。

另外，虚拟团队会议使用头脑风暴会有更好的结果［查莫罗-普雷穆齐奇（Chamorro-Premuzic），2015］。当参会人写下他们的想法而不用把自己豁出去时，所有的想法都能被看到，无论参会人员的多少。如果这些想法能匿名分享，或者被发送给一个可信的中间人来整理和分享，那么这些想法将根据其优点来判断，而不是基于人，与说出此想法的人联系在一起。

大家共同商议而成的想法，效果比靠个人独自冥想而成的想法效果要好得多，随着时间的推移再接再厉，共同再迭代出新的想法。在虚拟团队会议的头脑风暴中，有一个初步会议很有意义，你可以先简单介绍需要解决的问题，确保人们了解问题和制约因素。然后，鼓励参会人提出自己的想法，并把这些想法都记录汇总。在第二次会议上，展示所有的想法，供人们阅读和发展。如果你愿意，也可以用异步工作的方式来完成大部分工作。

做出决策

这包含许多决定因素，就像人们面对面进行决策一样。这些因素包括确保大家都理解需要做出何种决策、听取各方意见、讨论备选方案、分享优质信息和回答问题。

你会发现文化差异会影响决策：有些文化最看重速度，而有些文化则愿意花上大量时间来确保做出正确的决策，并且所有决策所产生的后果都可理解。在第7章我们将详细介绍这些差异。

重要的是要明确决策将如何产生。是团队成员相互充分交换看法，共同做出决策，还是他们仅仅向其他成员或者组长建议一下？是某些小组成员是决策者，而其他人仅仅是顾问的角色吗？作为一个领导者，要明确自己到底要什么。

在面对面的会议中，通常默认会选择举手表决来做决策。这好像非常便捷，但实际上和虚拟团队会议相比，这可能是件好事，并不像在虚拟团队会议里那么容易，那些没有投支持票的成员，对其决定几乎没有置身事外的感觉。用投票来观察人们的感受，如果每人都投票赞成一项决策，那么你就有了全员意见一致所做出的决策。如果意见各种各样，而且这种可能性要大得多，那么就有更多的工作要做。

我见过某些团队使用"沉默的共识"技巧［罗布森（Robson），2002］。但我们并不推荐这样做，实际上这是一种操控，而不是领导，这在虚拟团队中经常发生。例如，团队领导提出这样一个问题："如果我们这样做，会有人反对吗？"或者"有人想出为什么我们不应该这样做吗？"或者"有什么其他建议吗？"当小组中没有人说话，这在虚拟团队中很有可能，就假定每个人都同意。好的领导者知道，沉默并不意味着同意，人们可能在想应该说什么，或者感觉无聊，或者在读他们的电子邮件。同样无效的决策方式是"最响亮的声音获胜"。设计你的决策过程，让每个人都有平等的机会被听到。

如果一项决策非常重要但时间并不紧迫，那么就值得在团队之间协商以便达成一致意见。这意味着小组成员的目标是为了整个团队做出最佳决策，而不是他们的个人观点。这意味着这个决策做出后，每个人都能接受，并且在未来会很乐意坚持此决策，尽管这对他们来说可能不是最理想的那个决策。协商一致意味着以下情况。

- 每个人都完全参与其中。

- 每个人都倾听别人的心声，别人也倾听他/她的心声。

- 大家达成了实质性协议。

- 每个人都致力于支持最终决策。

虚拟工作组达成共识的过程，可能会涉及会议时间和异步协作的混合。有一些有用的基本规则可供使用。

- 考虑对整个团队来说怎样是最好的。

- 优先考虑适应未来发展的建议。

- 将意见分歧视为是有帮助的。

达成共识需要很长时间，因此，异步讨论在最终决策的运行过程中是有帮助的。

虚拟团队的信息分析

虚拟团队在搜集信息时，最好的做法是在会议之外进行详细的分析。虚拟团队成员先按小组先进行分析，再将他们的结论在全体小组会上展示。作为虚拟团队领导者要特别注意，当人们在会议中开始深入分析，鼓励他们将信息带走，在以后的会议上介绍他们的分析结果。深入分析会使虚拟团队陷入停顿，有时甚至比面对面的情况更严重。

虚拟团队会议管理

在这章，我将介绍如何成功地开始一个虚拟团队会议，以及如何提升人们的参与度和会议效率。

会议开始

如果每次虚拟团队会议都能准时开始，每个参会人都做好参会准备，那将是不可思议的。实际上，这并不经常发生！当有人加入电话会议时，积极地欢迎每位参会人，检查他们的技术设备是否运行良好。如果不多于10人参会，我倾向于这部分预留出5分钟的时间；如果参会人更多，可以再稍微等待一会儿。

有些人主张开会时间严格按照会议邀请上所说的时间，这样任何迟到的人会因为觉得羞愧而下一次不再迟到。虽然这可能适用于面对面的会议，但我发现对于虚拟团队会议并不太奏效——当人们彼此距离遥远时，让参会人参与会议就变得更加重要，也变得更加困难。参加虚拟团队会议的人们时常面临技术障碍——即使是登录到共享屏幕或会议桥也需要花上点时间。

有一种让你的虚拟团队会议开场特别有吸引力的方式，即当人们加入会议后，让人们分享参会人所在组织正在发生的事情。有些人可能认为这是在闲聊，但对于远程团队成员来说，这是一种有效的方法，可以利用他们在其他情况下听不到的信息。我的一些客户发现，不少人早早拨入电话会议，就是为了不错过这些新闻。

启动步骤

当会议正式开始的时候，请使用前面图5-2的启动步骤。

- "我们来这里是为了……"：确保会议的目的明确，并且每个人都知道会议目的是什么。展示所讲内容给大家看，可帮助人们集中注意力，因此，可使用共享空间，让大家可以看见所展示的屏幕。请记住，如果你在幻灯片上书写目的，那么翻到下一页幻灯片，写的内容就会消失。

- "今天我们将……"：说明你今天会议需要完成的目标。四五个目标就足够了。

如果有新目的增加，那么你可以在此次会议中先不深入讨论，以确保你的时间表按计划进行。

- "我们的计划是……"：这样可以确保参与者对时间，特别是会议结束时间很清楚。会议中找出是否有人需要提前结束通常是个好主意，因为你可能需要改变会议进程顺序。

- "谁要做什么"：让参会人在会议中扮演角色，他们会更有参会的积极性，而不太可能提前离开。任命一名引导者、一名抄写员和一名计时员。请抄写员记录已做出的主要决策和商定的行动：谁将做什么，到什么时候。在我的会议上，我让计时员每隔1小时、半小时、15分钟都提醒我一下。无论打电话的人所在地实际时间是多少，这些时间要素通常是相同的，但并不总是一样的。我要求在电话结束前5分钟发出提示。我建议其他与会者积极在会议中扮演角色。

- "我们如何合作"：这些"基本规则"往往是决定平庸和成功电话之间区别的原因。记住对于这些基本规则要以身作则。例如，若你在每次会议开始时就清晰地说出自己的名字，那么你就建立了"任何情况下发言时都先说自己的名字"的规则。如果你认真听别人发言，并确保没有打断别人的讲话，那么你就是在建立这样的规则："任何时候只有一个人说话。"通过让参会人员知道你会在会议中提问，你其实传达了个重要的信息就是每个人都有可能会对会议进行输入。

征求参会人的意见和建议，特别是在保密等棘手问题上。处理机密的一种方法是使用"查塔姆研究所守则"，在这里可共享谈话内容，但并不显示出信息来源人员的名字，大家都匿名提供各自看法，鼓励开放的信息共享［查塔姆·豪斯（Chatham House），2016］。其他处理保密信息的方式包括，允许公开报告每件事，或者每件事的信息都保留在组内。这取决于你的会议特点和小组的需要。

事先商定好的规则有助于减少甚至防止冲突的发生。如果冲突发生，利用规则可以帮助调解者处理冲突。所有参与者都同意按照这些规则行事，如果有人违法规则，引导者可以明确指出，并要求他们遵守规则。

定期征询每个人的意见

虚拟团队会议很容易变成一场独白—— 一个人在讲话而其他人沉默着。他们是在听吗？也许他们正在浏览邮件？作为一个虚拟团队领导，你不可能环顾整个会议室，看到人们是如何反应的，因此，通过小组轮流发言显得非常重要。这意味着围绕着每个组，与每位小组成员都沟通，询问他们的意见或看法，就算没有想法，也需要表示是否赞成。最多15分钟请参会人进行一次响应，这样参会人会更专注等待呼唤自己的名字并进行意见分享。

客户告诉我，在会议中投票没有取得最终共识，参会人经常游离在会议之外，直到听见引导者呼唤他们的名字。由于他们没有全神贯注，也没预料到会被问到问题，所以他们根本不知道自己该说些什么。他们最经常的反馈是："你能重复一下问题吗？"

这样的小组轮询方式不会仅限于会议内容，也可用来检查每位参会人的视频和音频效果之类的事情。

沉默是金，但有时并非如此

容易犯的错误是沉默意味着人们同意或赞成正在说的事情。因为大家没有发表意见，所以大家都同意。但事实并不一定是这样！沉默可能意味着同意，也可能意味着他们已经睡着了！他们可能会愤怒，并强忍愤怒。他们可能会沮丧地退出会议，如果没有看到他们的肢体语言，你就不能假设真相是什么。

在你的虚拟团队会议中监控人们的参与度是很重要的。我是通过写下参会人的名字，并在每位说话时在其名字后打勾。这样，我可以提醒那些游离在会议外的参会人，希望能帮助他们重新关注会议内容。在面对面的会议中，这种监控都是通过观察参会人状态了解到的，但在虚拟团队会议中，它需要更加讲求方式方法。

倾听冲突并认真处理

在面对面会议中，如果有冲突很容易被发现。我曾见过有人不停地用铅笔扎一张纸，或是参会人脸色越来越黑，最后他看起来像个雷公。在一个会议室内，其他参会人很可能认识有冲突迹象的人，理解他为何会做出如此反常举动。如果领导把情况处理好，冲突将发现并得到妥善处理。

在虚拟团队会议室，则另当别论，因为这要困难得多。在电话会议里，所有的视觉线索完全消失，而对使用视频会议的人来说可能图像也是不清楚的。即使发现了冲突的视觉线索，会议中的其他参会人也不太可能知道他们的意识。

还记得第3章所写的吗？冲突的主要表现是任务、流程和人际关系。任务和流程的冲突常常帮助人们找到更好的工作方式，并可直接解决问题。而人际关系冲突则比较难以应对。在虚拟团队会议中，冲突和面对面的会议一样有可能发生。然而，由于人们相互间的理解、共情和信任程度都比较低，大家无法在一起喝杯咖啡就能解决问题，所以，由任务而起的争执很容易演变为人际关系冲突。一个简单的分歧，例如如何完成一项任务，就可能导致人们把事情升级为情绪上的反应，而且，在你毫无察觉的情况下，冲突已经从关于如何处理一项任务的简单分歧，升级到一个全面的、咄咄逼人的争论！

关键是要非常仔细地倾听冲突的声音，并在冲突升级到失控之前迅速处理。冲突的初期一般都会非常微妙地表现出来，通过某个人的长时间沉默、声音音调和使用的单词的微妙变化，或视觉标志都可以捕捉到。

保持低冲突最好的办法是建立一个互相信任的团队，他们互相理解对方的背景。第3章探索了关于在虚拟团队中建立信任和防止冲突的很多信息。林德雷·格里尔（Lindred Greer），研究虚拟团队中的冲突和权力，他建议给团队成员几天面对面的时间来建立宝贵的人际关系（格里尔，2014）。我的调查证实了这一点，因为受访者表示，他们非常希望在项目开始阶段，面对面地坐在一起讨论。这并不总是可能的，所以还需考虑建立信任和理解的其他方法。

如果在虚拟团队会议中察觉到冲突，你能做什么？最糟糕的是无视冲突！冲突不会独自离开——它倾向于溃烂和扩散，直到扰乱虚拟团队，使其完全脱离正常轨道。

以下是一些想法和建议，帮助大家如何应对会议中的冲突。

- 你可以用一种非审判的方式，客观地反映你所注意到的事情，指出它是如何违反了大家同意的基本规则的，然后下一步你应该做什么。这里有一个例子。"我注意到格雷格（Greg）开始说话的时候，安娜（Anna）还没结束她的解释。格雷格，任何时候我们都同意任何时候都只有一个人说话。接下来你想说什么？"在大多数情况下，格雷格会这样说："对不起，我不是故意打断安娜，我只是对你的这个想法很兴奋，请继续吧，安娜！"整个事件结束。

- 如果你的团队中有两个人发生冲突，那么请其他人休息5分钟会是个好主意。（我发现大多数人都很乐意休息5分钟！）请大家离开座位，走出去休息一下，但不要断开链接，否则大家还需要花上很长时间才能重新链接回来。最好和发生冲突的两位先单独谈一下，然后再和两人一起交谈，这样最有帮助。

在会议室外，可以有一个在线讨论区域，在那里可以提出问题，人们可以公开、透明地讨论问题，并对所有问题进行排序。

当处理冲突时，将注意力集中于服务团队，而不是你作为领导在和他们谈话。保持警惕—— 在团队中，你的"探照灯"容易让你更了解你的团队所遇到的问题，而不是忽视它们。确保你不去推测事情发生的原因，只陈述你所观察到的事情。这里有个例子：有人不停地说了10分钟，你听到其他人试图提出观点，但放弃了。这种情况下，只需要请下一位发言者讲话，并给发言者贴上主导谈话的标签就好。当然，能反映你所听到的会更有帮助："我注意到格雷格已经讲了10分钟了，其他人已经有好几次按耐不住想发言，我们该怎么办？"在这种情况下，大多数发言者会结束发言，因为他们之前完全没有意识到自己已经说了那么久！这一答复保持了对小组的关注，避免为发言人的行为动机而贴标签。

当我向客户提出这个建议时，他们会发现，这样的反思需要勇气。他们担心格雷格可能会带着消极情绪或攻击性的回答，他们觉得自己离开舒适区越来越远。这样做的确需要勇气——我不是在提供轻松的生活！不过，请记住，这次发言是在会议开始时就明确和商定好的基本规则范围内进行的。在这个前提下，会议中格雷格不是在故意找他的茬，而是在提醒他同意过的基本规则。保持语气平和舒缓，这样格雷格就不会在话语中听到责备。

有一个很有用的工具，如图5-3所示的推论阶梯（Ladder of Inference），改编自施瓦茨（Schwarz）（2002）和其他人。在可能发生冲突的情况下，检查你的干预是否基于你的观察，而不是贴标签、评估和解释。始终保持在梯子下面，如果你注意到自己已经爬上了梯子，请赶紧下来。就像之前格雷格的案例，我没有对发生的事情贴标签，例如："格雷格不想停止讲话。"我没有评估他在做什么："格雷格霸占着谈话的主导地位。"我没有解释他在做什么："格雷格很生气，因为我们在上次会议上忽略了他，现在他在放飞自我了。"我纯粹是展示了我所看到的："格雷格已经发言了10分钟，其他人一直试图发表意见，但都欲言又止了。"

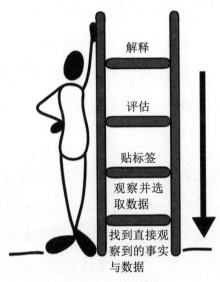

图5-3 推论阶梯

资料来源：Adapted from Schwarz(2002)and others。

冲突——重构冲突

　　几年前，我曾觉得发生冲突是一件非常糟糕的事情。我会害怕冲突在虚拟团队会议中抬起它那丑陋的头，导致各种可怕的后果。直到我读了《该死的会议》（*Death by Meeting*）[兰西奥尼（Lencioni），2004]这本书，我才开始把对冲突的理解转向积极的一面。兰西奥尼把组织中的会议说成是非常无聊的，就如同他书中的标题一样。他说，你工作的会议，应该比坐在黑暗房间里观看别人的电影故事更令人兴奋和有趣。但事实上，大多数会议远不如看电影有趣！他的补救办法是"制造冲突"（mine for conflict）。他说，冲突表明人们充满激情，在乎所持的观点。虽然我不会像兰西奥尼那样主张你故意挑起冲突，特别是偏远的参与者，但这个故事的确改变了我的观点。我现在很乐意处理冲突，并将其视为与团体合作的标准部分，而不是像躲避瘟疫那样躲避冲突。我现在知道，大多数冲突的产生只是因为人们非常关心工作结果和坚持自己的观点。虚拟团队也是如此，因此虚拟团队领导者必须对冲突保持警惕，有效地应对冲突。

印度寓言《盲人摸象》很好地说明了这种冲突。在这个古老的寓言故事里，有6位盲人，他们对大象一无所知。房间里有一头大象。每个盲人依次向大象走去。第1个人感觉到大象的肚子，认为大象就像一面墙。第2个人认为大象像长矛（他摸到了象牙）。第3个人认为大象像蛇（他摸到了鼻子）。第4个人认为大象像树干（他摸到了腿）。第5个人认为大象就像大扇子（他摸到了耳朵）。最后一个盲人认为大象就像根绳子（他摸到了尾巴）。在这个故事结尾，6位盲人余生都在争论不休。

在虚拟团队会议上，我们当然没法用余生都来争论问题！然而，我们当中既有"盲"男人，也有"盲"女人。作为虚拟团队领导力中的组成部分，我们不仅要促进相互间的理解，同时也要充分考虑到团队所有成员的意见。你分享观点，团队成员都同意，这才是张完整的图像。逃避冲突是不可能的，承认冲突、倾听每个人的意见、建立信息分享渠道，有技巧地处理冲突，将其有效利用起来。

保持参与度—— 关键挑战

远程参与者需要参与到会议中，以便保持他们的专注力和参与热情。每当我问及人们，虚拟团队会议最大的挑战是什么，大部分人都会说如何让远程团队成员参与到会议里。本节将讨论如何做到这一点。

视觉的力量

在电话会议基础上添加视频，使你的虚拟团队会议形式更丰富。尝试在视频会议中可以看见参会人的肢体语言。你可以使用沉浸式虚拟世界，添加视觉和空间感。你可以在虚拟团队会议中包括图片、表格、图形和地图。 正如我们在最后一章所探讨的，人们的脸部照片是非常吸引人的。如人们建议的那样，将它们包含在共享屏幕上的思维导图中效果会非常好。这显示了你是如何倾听参与者的想法，这将有助于他们和你看到更广阔的前景。当使用共享屏幕时，在整个会议过程中有变化和发展的视觉效果是很有用的——即使在屏幕上添加一些小记号和简单的图画，也会让人们不断地观察，看看还会发生什么变化。视觉引导是非常强大的，在第4章我们会解释虚拟团队会议如何使用视觉引导技术。

故事的力量： 叙事形式

你有没有注意到，书中的案例故事更容易帮助你将书中内容带入现实生活中去？它们比纯粹的事实更容易被大家记住。这来自我们人类大脑的进化方式，几千年来，在书写文字之前，知识是通过故事代代相传下来。我们的大脑就很难记住这些事实清单，但故事是按顺序组织，所有不同的事件帮助我们记住彼此的连接。从童年开始，我们就习惯了听故事，所以我们期待开始、中间和结尾。我注意到，人们在听整个故事的时候都会保持专注，希望听到最后的结局。故事中有人物角色，有很多背景信息和人们对他们行为的期望。如果角色的行为方式与我们的假设相冲突，这会令我们感觉惊讶，并使得故事更加令人难忘。包含情感、幽默和夸张的故事比那些不包含情感、幽默和夸张的故事更有力量［布赞（Buzan），2003］。故事可以唤起人们的情感、想象力、价值体系、动机和记忆，以及他们的希望和恐惧。

你可以在虚拟工作中使用故事来取得良好的效果。我曾是全球研究小组的一员，与小组成员研究讲故事如何帮助在线小组有效工作［索普（Thorpe），2008］，其中一项练习是向新进加入的远程工作人员了解在线工具的使用效果如何。每个研究人员都讲述了他们是如何对虚拟团体感兴趣的故事。然后，我们从网上看他们的书面介绍，再讨论我们对以下内容的记忆：故事；书面介绍。我们记忆中大多数为故事。事实上，即使在10年之后，我仍然记得一些故事，特别是那些与众不同的故事。

那么，如何在虚拟团队中实际应用呢？我不建议你把虚拟团队会议变为讲故事的会议，开场为："很久以前……"相反，考虑一下如何以叙事形式传递信息。确保你的故事按逻辑顺序进行，故事有开始、中间和结尾。介绍角色，也许是团队成员或其他相关方。例如，当你介绍团队新晋成员时，不仅仅是说出他们的名字和职务，试着让他们讲述一下是如何加入虚拟团队的。当有人员变化时，试着把这些变化当作一个故事关联起来，讲述其中所涉及的人物，而不是仅仅给出一些事实。你会发现人们会仔细地听，记住这些变化，注意力集中直到会议结束。

你是否可以使用情感、幽默和夸张的叙事方式来使你的故事更具感染力？如果这样做对你是有帮助的，那么你应该这样做。你确实需要认识到不同文化、语言和代沟的差异，因为有些人可能会觉得你的幽默不好笑，也不认可你使用夸张的叙事方式是合适的。请记住，幽默是非常重要的，并不是对所有文化都起作用。

利用好奇心吸引人们的注意

当你激发好奇心时，你会调动大脑的情感部分[柯林斯（Collins），2016]。问一些有趣的问题，要求人们思考后再给出答案，而不问那种让人能不加思索就立刻可以回答的问题。在演讲中留下一点想象空间，让听众来填空。使用含蓄一点的视觉图片，然后再解释图片的真正含义。确保人们理解清晰以后，再进行下一项议题。

如果我有一个重要的声明想向虚拟团队发布，并且希望他们能够长时间地记住，我会首先向他们提出问题，让他们猜一猜会是什么，然后分享。"你认为谁会加入我们的队伍？为什么？"这会引起人们的好奇心，引起大家的注意。最后我会讲述部分故事，而不是马上说出新成员的名字。在好奇心的帮助下，大家就会很快记住新成员的名字。

研究表明，当人们充满好奇心的时候，他们更愿意努力寻找答案，更容易记住答案。当然，所有事情都是过犹不及，如果你离题太远，人们可能会感到沮丧和压力，而不是好奇，尤其是在有语言、文化和代沟障碍的虚拟团队中。虚拟团队也需要一些时间磨合，以确保在好奇心、参与度和清晰度方面保持一种平衡。

提问的力量

提问可以引起人们的好奇心，吸引人们的注意力并保持他们的精力。在你的会议上，如果能把人们从无聊的和没有动力的状态，转移到有效的、对解决问题有帮助的状态，那是不是更好？当然，这里的关键点是：人们必须倾听和听懂你的问题，然后才会有效。

在我写这本书的时候，我采访了一位前新闻工作者朱迪·里斯（Judy Rees），他对提问的艺术很有研究（里斯，2015）。她告诉我，电视新闻记者提问是为了在屏幕上引起观众强烈的情感反馈。虚拟团队领导者也可以使用这一技巧，提出问题来引导人们的注意力，并在虚拟团队会议中调动他们的情绪状态。朱迪认为，提问是一个强有力的、可供我们使用的工具，但常常被虚拟团队领导者所忽视。

那么，如何在虚拟团队中使用问题呢？而不仅仅是靠提问来获取信息。首先我们用问题把小组聚集在一起。朱迪建议我们可以使用一些问题来帮助小组成员互相了解，并激发他们的好奇心。当人们对彼此产生好奇时，这有助于他们提出更好的问题，并向对方敞开心扉。这有助于小组成员相互了解真实的对方，并且建立信任。朱迪提出这样的问题："我们在一起工作，你希望结果如何？"然后让大家寻找答案。另一个很受欢迎的问题是："当你在最佳状态时，你是一个什么样的人？"这是一个隐喻，需要人们回答什么时候他们处于最佳状态。答案可能会千差万别，包括从一级方程式赛车手到游手好闲或做一名厨师！这样的问题是强有力的，因为它需要人们自我思考和自我回答。提问、倾听和直言不讳是三项关键的协作技能［希尔（Hill）等，2014］，作为虚拟团队领导者，你可以通过使用问题来影响和激励你的虚拟团队。

使用视频

作为人类，我们能够实时处理大量的视觉信息，当我们选择只使用音频虚拟团队会议时，我们会削减大量的信息。我鼓励人们尽可能地使用视频。视频可以让人们即时反馈，分享参与者的肢体语言及他们说话时的语音语调。它提醒人们，其他参与者是真实的人，面孔真实可见。

视频的问题是，当有摄像时，许多人明显感到不舒服！与机器交谈并不是一件自然的事情，对一部分人来说，这让他们充满恐惧，让他们缺失信心，并使他们的大脑变得一片空白。更糟糕的是，这台机器会将这些缺陷、忧虑和紧张暴露在世人面前！

我们要认识到的非常重要的一点，没有人会期望一个人看起来完美无瑕，他们只会期望你看起来就像在办公室里工作一样，表现出真实的自己。事实上，你可以避免一些尴尬的情景，只是上半身穿着很正式——我已经向成千上万的人做过展示，一个人上半身穿着很得体，但是下面却穿着舒适的紧身裤。如果是这样的装束，需要记住的是，千万别站起来！

你的部分团队成员可能会不喜欢视频。可以考虑引入一对一的视频通话，非正式的模式和放松的状态。解释使用视频的目的，这是让人们更容易将电话那头的同伴视为真实的人。每次视频电话结束时，感谢人们的承诺，感谢他们与同事之间的额外联系。询问他们的反馈。什么事情进展顺利？怎样才能使下一次更好呢？我发现在摄像机前使用视频，说话的人越多，出现的问题就越少。

> 　　我和丽莎（Lisa）聊起视频摄像头在虚拟团队会议上为何不受欢迎。丽莎是一家保险公司的经理，她说："是的，我注意到很多时候人们不喜欢视频。看起来女人比男人更多！也许今天的打扮不太讨人喜欢，或者今天没洗头？我知道，当我在家工作时，与我在办公室工作时的样子相比，会更放松一些，显得有点凌乱。几年前，我在家里敷着面膜主持过一个电话会议。如果是视频电话会议，你肯定不能这样做。"丽莎采取的态度不是强迫人们打开视频，而是让他们树立信心。当有新人初次使用虚拟视频工具时，她建议给予新人一些帮助。在她的团队里，她提供了测试环境和一些"游乐场"会议，以建立试用者的信心。

向电台主持人学习

　　广播节目主持人很善于吸引听众并与听众进行沟通。与虚拟团队领导者不同，主持人根本不了解听众，也无法与听众进行实时互动。尽管如此，主持人还是将他们的节目编辑得很好，让大家喜欢收听他们的节目。他们会让你知道接下来会发生什么，甚至会播放一些简短的片段，激起你的好奇心，这样你就会想要继续听下去，即使有广告会打断你。主持人不仅节奏会变化，而且主持人的声调也会变化。下次你在听广播节目时，请注意主持人是如何勾起你兴趣的。

制造紧迫感

人们通常会注意那些紧急的事情，而不是那些重要的事情。当人们远程工作时，即便是不重要的信息——通知或新的电子邮件，当他们收到类似这样的紧急消息时，他们的注意力和参与度都会立刻降低。如果你要让人们集中注意力在会议上，那么制造一些紧迫感会很有帮助。要加强人们的注意力，可以聚焦谈论一些正在发生的、对人们会产生重大影响的事情。不过，要小心，因为紧急情况可能很快就会引起人们的注意，但不一定会持续很长时间。总会有新的、更紧迫的事情出现。理想情况下，最好是帮助团队明确一些行为规范，专注于重要的工作，而不为其他紧急事情所干扰。也许第一件要做的事情是，让团队中的每个人都同意关闭手机和邮件的提醒通知。

感官体验

就人性而言，在面对面的会议中，我们所有的感官都会参与其中。我们能环顾四周，看到房间里的人和窗外的一切。我们能闻到周围的气味，感受会议室是否闷热，还能嗅到提供的饮料是薄荷茶还是咖啡。我们可以品尝着茶歇的水果和点心。我们可以听到人们说话，投影仪的风扇声和空调的嗡嗡声。

在虚拟团队会议中，如果我们使用视频和/或共享屏幕，我们往往只使用一种或两种感官：听觉，再加上视觉。为了让人们更好地参与进来，你可以考虑如何以一种与会议相关的方式来增强人们其他感官的刺激。我发现创建一个彩色的团队地图很有作用，虚拟团队成员的头像都显示在世界地图上（见图3-9）。与团队成员分享大家都位于哪个城市是很好的。发送一份团队成员可以在桌面上显示的副本，并在虚拟团队会议期间使用。视频电话会议增加了空间元素，再增加触觉元素，这对专注力会有很大的提高——试一试，看看它们如何为你所用。

味觉和嗅觉的感觉如何？这些可能并不经常使用，但在特殊情况下其作用可能是强大的。我记得举行过一次全球性的会议，人们来自四大洲，我们安排了一盒巧克力，供每个会议室使用。有一次，我们甚至同时供应了相同种类的比萨！

建立和谐的关系

有了融洽感、归属感和信任感，人们就会想要聚在一起，见见他们的同事。这很吸引人！设计一下，让你的会议中有互动环节，引入一些活动，帮助人们更好地相互了解。

约翰·斯塔特·克拉克（John Stuart Clarke）是 Aviva 公司的商业分析师，他在英国和印度的许多地方都有虚拟团队的项目。我对他进行了一次采访，了解如何建立跨国界关系的问题。他说：

建立融洽关系很有趣，当沟通的某些方面出现问题时，试图让你的工作变得有趣或迷人是一个挑战。我举一个简单的例子，说明如何克服这个问题。

几年前，在我一个敏捷项目团队中担任 Scrum Master（敏捷项目管理实践方法，Scrum Master 是团队中的一个教练式的角色），我们在印度的钦奈（Chennai）有一个离岸测试基地。显然，我碰巧知道印度相当暖和——当然比英国暖和。我们也知道英国人对天气的痴迷往往是不健康的，可能是因为我们的天气不是特别好！我养成了一个习惯，问我在印度的一位同事，那一天钦奈的气温是多少，她总是如实地告诉我们。当然，在英国房间里总会有嫉妒的人发出呻吟和其他评论。也许他们刚度假回来，并希望他们能再次回温暖宜人的度假地，而不是在寒冷的英国！这是件很小的事，但我坚持了一段时间。

你可以做一些像这样的小事情来帮助远程同事参与到谈话中来，让他们真正感觉到自己是团队的一员。而其他人的反应，意味着你也在吸引他们的参与，而不仅是那个与大家距离很远的人，告诉大家他在海边，那里的阳光很好，海滩很美。

说到底，是把人当作人来看待。把你的远程同事当作人一样对待，让他们参与到同样的玩笑和谈话中，就如同你们都在同一个办公室工作一样。

| 结束虚拟团队会议

你的虚拟团队会议的质量不仅来自你的会议内容，而且还包括你如何结束你的会议，这对会议的质量会产生巨大的影响，包括会议的结果，以及未来的会议是否能得到改进。

确保会议结束后会有后续行动

有太多的虚拟团队会议结束后却没有任何行动。有时，这可能是因为深思熟虑太久而停滞不前。我们探寻原因，也许是行动不明确？也许人们没有记清应该采取的后续行为，并且没有人提醒？也许他们无意采取行动？也许人们在开会时是想要会后采取行动，但回到实际工作中，发现其他一些事情需要优先考虑？也许没有人跟进这些行动？我确信，在大多数虚拟团队会议中类似情况都有发生！

为确保你的会议产生行动结果，需要采取以下步骤。

- 在会议期间，在共享屏幕或小组聊天中公开写下行动措施。

- 确保行动清晰无误，明确说明谁将在什么时候做什么。

- 人们在离开会议前就行动达成一致，而不是离开会议后。

- 确保会议结束后，每个人都尽快得到一份行动计划表。

- 跟进检查行动是否按计划完成。

在会议结束时，你最好做一下意向性检查，询问参与者对后续行动的执行是否有问题。你可以公开询问这个问题，如果你的团队能够彼此坦诚开放，或者你可以让每个人独自回答这个问题。等级设定可以是从1（不太可能采取任何行动）到10（肯定采取行动）。如果人们的意愿低于10，为什么不修改行动计划，使其更有可能发生？当然，一个会发生但不完美的行动计划，永远比一个完美但什么都不会发生的行动计划要好。

利用你的经验改进下一次会议

在虚拟团队会议结束前最后5分钟进行复盘。这不会花很长时间，而且很容易。有两个问题要问你的小组，并公开或私下收集成员们的反应。这两个问题如下。

（1）我们今天哪些事情做得很好？

（2）你希望我们下一次会议哪里能有所改进？

依次回答这些问题，从积极的"什么事情做得好"开始。你会从这个问题中找到一些答案，确保这些做得好的方面能够继续保持。在下一次的会议开始时，要重温一下这个问题。

对于另外一个问题，什么方面我们在下一次会议中可以做得更好，应该积极正向一些，不要说"我们没有做任何准备，我们对情况了解不够"，而应该这样说："下次会议，我们一定要做好准备，充分了解情况。"记得保持语气积极，避免抱怨，以免进入一种恶性循环。当你在做复盘时，每一次会议都应该有所改进，会议一步一步地越开越好，人们的参与度也会越来越高，同时变得更加快乐。

┃ 如果你不是官方会议主持人怎么办？

如果你是虚拟团队领导者，很容易让虚拟团队会议做出改变，但无论你的职位如何，你都可以有所作为。

在会议之前，向虚拟团队领导者询问会议启动流程，以确保会议计划经过深思熟虑。

- 我们今天的会议要讨论的事情是什么。

- 我们今天将做什么。

- 我们的计划是什么。

- 谁将做什么。

- 我们如何协作。

你可以采用过去用过的基本规则。你可以发挥计时员或会议记录员的作用，帮助虚拟团队领导者。你可以建议在会议结束时进行会议复盘。

会议进行期间，你可以通过以身作则的方式展现虚拟协团队领导力。比如，提问；在你说话的开头说出你的名字；帮助那些内向、不愿意表达的人挖掘答案。当你注意到事情进展不顺利的时候，你可以用一种积极的方式做出一些反馈。

会议结束时，请在散会之前对这些行为进行总结，以确保这些行为是正确的，并且团队成员都同意这些行为，你可以做一个会议总结。另一种选择是给小组领导每人一份会议纪要，或者在你阅读会议纪要的时候，分享一些你个人的想法。

如何管理一场混合会议：面对面+虚拟化

如果你的会议是由远程参与者和面对面的会议参与者组成，那么本章中的建议应该适用于你。下面我们探讨两种不同的情况：第一，一个面对面的会议，人们在地理上相距遥远；第二，有几个面对面的小组使用虚拟技术连接在一起。

有少部分虚拟团队参会人的面对面会议

在此情况下，一个核心组与部分远程参会人一同开会，远程参会人靠音频视频链接进入会议（见图5-4）。

图5-4 面对面会议中有3位远程参会人

有一个重要的会议原则，即确保公平的会议环境。通常情况下，这种类型的会议都是为面对面的参与者而设计的，而远程人员是事后才加入。有关这个问题的一个特别糟糕的例子，请参见前面汤姆的案例。人们很容易忘记自己看不到的人，对于远程参会人来说，因没有任何反馈而被其他与会人员遗忘。

如何创建一个公平的环境？如何设计流程，让每个人都充分参与？首先要考虑的是虚拟团队的参会人。他们与核心团队的联系并不紧密。他们需要一直在线吗？能否让会议变成面对面的形式，给虚拟团队成员一份简报，然后征求他们的意见呢？我在哥本哈根和一家制药公司开了一整天的会议。让我们看一下这个案例。人们从世界各地旅行到哥本哈根，学习如何让虚拟团队有效运营。我们花了一整天的时间，让大家有时间进行面对面的互相接触并一起学习。我们用遮光护目镜进行了一个非常有意思的情景案例练习，模仿在缺乏视觉线索的情况下的一些不确定性。有一位成员没有机会去哥本哈根，他被困在美国。他的组长希望他通过视频加入我们，这就意味着他参加不了这个练习。相反，我建议在哥本哈根的人们总结他们所学到的一切。他们向远程与会者介绍了一个为他设计的摘要，以一种有趣、吸引人的方式展示了他们学到的东西。远程会议只进行了45分钟，他始终全神贯注地参与了会议，并在会后向我表示感谢。这份总结对在座的人也很有用，因为加强了他们的印象。

如果人们真的需要全程参与会议，那该怎么办？经常发生的一种情况是，人们坐在会议桌边，桌子中间有一个免提电话。在场的人进行了正常的讨论，而虚拟的与会者却不知道会议的那一端到底是谁在说话，而且由于音质差而听不到许多人的发言，特别是当扬声器离麦克风很远的时候。

在这种情况下，最简便的方法是：虚拟团队优先。使用在纯虚拟团队会议中工作的基本规则。例如，要求每个人在发言之前报出他或她的姓名。虽然这对在房间里的人来说有一点荒谬，但对虚拟团队来说，却有着巨大的价值。在可能的情况下使用视频，因为它可以帮助远端的人看到正在发生的事情，并询问他们听到的音频质量。移动扬声器在房间周围，麦克风是谁在发言时就传递给谁。

保持会议简短！虽然房间中的参会人会感觉一起开会时间飞逝，但60~90分钟以后，虚拟团队参会人会开始觉得无聊。为远程参会人员安排一位"室内好友"是很有用的，这样在会议休息间歇也可以保持联系，回答他们的问题。记住，远程参会人需要休息！

面对面会议中心与虚拟技术连接

在会议室中，有几个面对面参会人员，每个会议室都有人在房间内而形成一个会议中心（见图5-5）。这些中心实际上是通过音频和/或视频链接连接在一起。这是一个完全不同的场景。在每个会议中心都设计成一个面对面会议，在需要的时候，把短暂的虚拟会议连接进来，最后再把各个会议中心的工作集中汇总。这是一个非常好的虚拟会议方式，特别是对于这样的一些团队，他们位于世界各地不同的地点，时区差别很大的时候，就显得更有价值。如果能设置一名中央引导员，负责总体工作，包括从各个会议中心汇总问题，同时在每一个会议中心设置一个当地的引导员，负责当地的会议主持工作，将对会议的成功起到非常重要的作用。

图5-5 一个虚拟团队会议与多个面对面会议中心

莉兹（Liz）的一天

莉兹在英国从事制药业的项目，有时在办公室工作，有时则在家里办公。我们将会听到一个故事，有一天，她在家办公，并与世界各地的人们开会。

上午8：15，莉兹捧着一大杯咖啡走进她家中的办公室。在之后的45分钟，她做了几件事情：检查在昨天工作完成以后，又发生了哪些事情？有什么紧急情况需要她进行处理？有什么事情需要引起她的重视？莉兹在开会前，一边检查着项目协作工具，一边梳理她的想法。

上午9：00，莉兹与她的印度同事一起开了一个15分钟的每日项目例会，她的印度同事的当地时间是一天工作快要结束的时候。这个每日例会简短而直接，旨在使每个人都能跟上项目最新进度。

上午9:15，在接下来的几个小时里，在印度同事下班之前，莉兹与他们一起工作，致力于问题解决和梳理问题，既有一对一的沟通，也有小团队的活动。屏幕共享技术帮了她大忙，每个人都可以在交谈时看到对方在做什么。

上午11:00，此时此刻，四周变得比较安静。莉兹稍事休息，她可以开始进行她自己的工作。这是与同时区的人进行一对一开会的好时候。

下午1:00，来自美国东海岸的同事们开始陆续上线。这是许多与莉兹合作的国家开始办公的工作时间，所以比较大的集团会议往往在这个时段进行。今天，莉兹加入了一个虚拟聚会的实践社区。

下午5:00，莉兹大多数的美国同事正在吃午餐，所以大型会议已经结束。她回顾了一下当天的工作，完成了所有其他要做的工作之后，便收拾行装，下楼回家。

晚上8:00，莉兹需要每个月有两个晚上和美国专家进行一对一的会议。这些专家都很抢手，他们的日程都已经早早地被订满。如果莉兹不能在她的工作时间内找到空闲时间，那她就只能在晚上找相应的会议时间，这通常要容易得多。

总结

本章介绍了如何主持虚拟团队会议，尽管参会人身处各地，但他们可以使用同步技术开会。我介绍了如何为虚拟团队会议做好准备，如何让人们全身心投入和积极参与到虚拟团队会议中，以及如何确保会后行动落地。我们讨论了如何持续改进会议，当你不是会议主持人时，如何发挥虚拟团队领导力，以及如何领导好一个混合型会议，参会人既有面对面的，也有远程参会者。

┃ 问题反思

（1）你主持和或参加过哪些类型的虚拟团队会议？

（2）在"虚拟团队会议注意事项"部分，你曾考虑过哪些方面？哪些方面需要进一步改进？你将来会做一些什么不同的事情？

（3）对在会议中使用视频你有何看法？你怎么在自己主持的会议上使用视频？

（4）你主持的会议已经运用了本章的哪一些好想法？你还想补充一些什么？

（5）如何提升虚拟团队会议中参会人员的参与度？你打算采取哪些措施进行改善？

（6）你现在如何结束会议？在会后行动落地和跟进方面，你会采取哪些做法？

（7）你参加过一些你不是官方主持人的会议吗？这些会议开得怎么样？在你学习完本章以后，你会怎么做，有什么不同呢？

（8）将面对面会议和虚拟团队会议同时进行，你参加过的大部分会议是这样的吗？如果是的话，你现在是怎么做的，会改变一些什么吗？

（9）你从"莉兹的一天"这个故事中，得到哪些启发？

▌参考资料与延伸阅读

[1] Buzan, T（2003）*Use Your Memory:Understand your mind to improve your memory and mental power*, BBC Worldwide, London.

[2] Chamorro-Premuzic, T（2015）[accessed 21 December 2015] Why Brainstorming Works Better Online, *Harvard Business Review*, April 2015 [Online] https://hbr.org/2015/04/why-brainstorming-works-better-online.

[3] Chatham House（2016）[accessed 28 February 2016] Chatham House Rule [Online] https://www.chathamhouse.org/about/chatham-house-rule.

[4] Collins, S（2016）*Neuroscience for Learning and Development:How to apply neuroscience and psychology for improved learning and training*, Kogan Page, London.

[5] Greer, L（2014）[accessed 18 December 2015] Why Virtual Teams Have More Conflict：Insights by Stanford Business, *Stanford*, November 2014 [Online] https://www.gsb.stanford.edu/insights/lindred-greer-why-virtual-teams- have-more-conflict.

[6] Hall, K（2007）*Speed Lead:Faster, simpler ways to manage people, projects and teams in complex companies*, Nicholas Brealey Publishing,

London.

[7] Hill, L, Brandeau, G, Truelove, E and Lineback, K（2014）*Collective Genius:The art and practice of leading innovation*, Harvard Business Review Press, Boston.

[8] Hunter, D（2007）*The Art of Facilitation:The essentials for leading great meetings and creating group synergy*, 2nd edn, Random House, Auckland.

[9] Lencioni, P（2004）*Death by Meeting:A leadership fable about solving the most painful problem in business*, Jossey-Bass, San Francisco.

[10] Rees, J（2015）Asking Powerful Questions. Interview recorded as part of the Virtual Working Summit 2015, Loughborough [Online] www.virtualworkingsummit.com.

[11] Robson, M（2002）*Problem Solving in Groups*, 3rd edn, Gower, Aldershot.

[12] Settle Murphy, N（2013）*Leading Effective Virtual Teams:Overcoming time and distance to achieve exceptional results*, CRC Press, Boca Raton.

[13] Sibbet, D（2003）*Principles of Facilitation*, The Grove Consultants International, San Francisco.

[14] Thorpe, S（2008）Enhancing the Effectiveness of Online Groups：An investigation of storytelling in the facilitation of online groups, Auckland University of Technology, PhD thesis, Auckland.

第6章

会议之外的虚拟团队工作

　　虽然虚拟团队的会议很重要，但大多数工作实际上都发生会议之外。在本章，我将讨论为什么找到会议之外有效完成工作的方法是如此重要，进而探寻如何将其运用到实践中。在讨论工作效率和效果、项目交付、绩效和虚拟团队工作环境之前，我们需要先回顾和总结一下虚拟团队成员之间的沟通、相互关系、冲突和投入度等方面的问题。本章思维导图如图6-1所示。

　　通过阅读本章，你将：

- 了解为什么虚拟团队的大部分工作都发生在会议之外。

- 回顾虚拟团队成员之间的沟通、相互关系、冲突和投入度。

- 作为一名虚拟团队工作者，在自己有效地工作的同时，如何帮助他人更有效地工作。

- 意识到项目交付所面临的挑战，以及如何应对这些挑战。

- 理解远程绩效管理的挑战，以及如何实现远程绩效管理。

- 作为一个虚拟团队工作者，更好地认知虚拟团队工作的特殊环境。

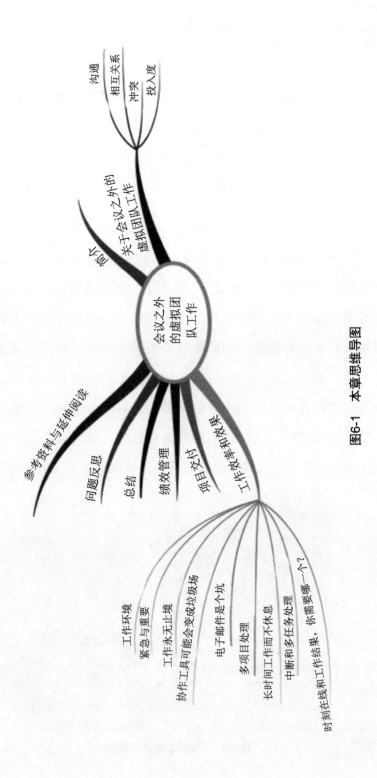

图6-1 本章思维导图

沟通
相互关系
冲突
投入度

关于会议之外的虚拟团队工作

延伸

会议之外的虚拟团队工作

参考资料与延伸阅读

问题反思

总结

绩效管理

项目交付

工作效率和效果

工作环境

紧急与重要

工作永无止境

协作工具可能会变成垃圾场

电子邮件是个坑

多项目处理

长时间工作而不休息

中断和多任务处理

时刻在线和工作结果，你需要哪一个？

217

简介

当人们提到虚拟工作和虚拟团队时，很多人想到的都是虚拟团队会议。实际上，大多数工作都是在虚拟团队会议之外完成的。想一想你自己的工作。你的工作是在什么时候完成的？在你打电话或开会的时候，还是自己埋头苦干的时候？

在本章中，我们将讨论虚拟团队会议结束后的虚拟工作。在"时间/地点"矩阵所列出的不同情况下，我们很容易将注意力集中在图6-2所示的"相同时间/不同地点"象限上。我注意到，在实际工作中，人们经常试图把每件事都安排进虚拟会议中。这使得虚拟团队的工作变得困难很多，特别是当团队成员需要跨多个时区或在正常工作时间之外开会。相反，虚拟团队可以使用异步工具进行有效协作，所有信息都即时更新并实时可用，这能帮助我们将开会带来的不便利降到最低。除了工具之外，人们还需要具备良好的人际关系和相互信任的合作态度，这样即使会议隔一段时间再开，也能保持工作的进展。

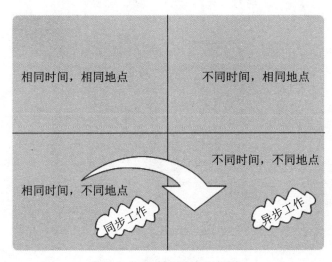

图6-2 "时间/地点"矩阵

请记住，这种开放共享的合作方式是新生代进入职场后的常态，他们使用社交媒体与朋友保持联系，同时也希望能够在工作中做到这一点，特别是在虚拟团队中。另外，老一代员工会记得没有电子邮件的日子，那时备忘录必须打印出来，向世界各地迅速发送信息的唯一方法是发电报。我们将在下一章讨论更多关于代际差异的内容。 你会发现，年轻的同事在使用工具异步交流时得心应手并充满灵感和创意，但同时你可能还要去帮助和支持那些不适应这种工作方式的年长同事。

时代的快速发展给我们的工作带来了日新月异的改变。当我30年前刚刚参加工作的时候，一份打印出来的备忘录就已经足够快了。但是今天，它可能还没送到地方，上面的信息就已经过时了。10年前，每周开一次项目小组会议就算很有效率了，但是今天许多项目都有每日例会机制。以这种速度工作意味着我们需要随时掌握最新的信息，团队协作工具为我们提供了便利，因为这上面的信息是最新的，并且每人都有适当的访问权限。伊丽莎白·哈林（Elizabeth Harrin）的研究表明，项目经理报告认为，团队在使用良好的协作工具时，节省了时间，减少了压力，增强了士气，更好地控制了项目成本（哈林，2016）。

现在，我们将讨论在虚拟团队会议之外，人们有效合作的各个方面：在我们把注意力放在工作效率和效果、项目交付、绩效之前，先回顾一下虚拟团队成员之间的沟通、相互关系、冲突和投入度方面的问题。

关于会议之外的虚拟团队工作

沟通

沟通将虚拟团队成员联系在一起。只有有效和及时的信息流才能支持团队共同工作。良好的沟通不应该是单向的，而应该是双向的。信息被人们发送接收，随后会有建议、询问和确认被反馈回来，这就是双向的沟通。它不仅是人们相互之间传递信息，也是在虚拟团队同事之间建立团队意识的一种强有力的手段。因此，除了传递信息，你还要做好会议之外的沟通计划，用以构建团队意识。

我们在第3章中介绍了沟通，并考虑了个人喜好。德雷克斯勒/西贝特团队绩效模型如前面图3-8所示，帮助我们在团队发展的每个阶段确定不同的沟通需求。虚拟团队沟通计划是很有用的工具。定期检查它，保持最新版本，并使其满足你的团队不断变化的需求。

因人而异的情景沟通是最有效的。不要试图把每件事都传递给每个人，让人们选择他们想知道的信息，这样他们才能得到对他们最有用的信息。建立一个信息中心远比向很多人发送电子邮件要好得多！

在交流时，保持诚实和透明，通过分享与他人建立信任关系很有帮助。当然，请注意，由于信息安全或法律问题，有些信息是不能共享的，同时我们也应该在虚拟团队工作模式中，尽量将这类信息降到最低程度。

你需要做好团队共享存储空间的结构化管理

开始写这个小节的时候，我刚刚和一个客户会谈过。他们公司的虚拟团队使用两个不同的系统来存储项目文件。不幸的是，没有人知道应该把文件放在哪个系统，因此很难找到想要的文件。每个项目甚至每个人存储文件的方式都不相同。唯一一个知道如何在其中一个系统中查找文件的人刚刚辞职了。这真是个噩梦！找到一份文件变成了挑战。它存在吗？如果存在，它在哪儿？回答这两个问题可能需要数个小时。

你可能认为在你的组织中不可能发生这样的事，但事实并非如此。如果你是靠一个专人把存储文件整理得整洁有序，那么如果那个人离职了，其他人会顺利接手吗？如果你没有商定和明确存储文件的规则甚至原则，那么每个人都会有自己的办法，这样的话，事情就太不可控了。因此，为了避免混乱，为了让人们尽可能容易地找到文件，你需要和大家商定一个简单的、清晰的、结构化的文件存储办法，并让每个人都遵循原则办事。同时，也要安排人担当文件保管员的角色，负责团队共享存储空间的维护，确保存储空间内的文件是整洁和实时更新的。

相互关系

你的团队需要和睦相处、互相信任并兑现承诺，才能顺利地完成任务。除了仅仅与团队领导者互动外，虚拟团队的每个成员都需要有归属感并相互信任。这种状态依赖于团队共同的愿景、共同的目标、相互协作和维系关系的能力。这些主要是在团队会议中形成的（我们在最后一章中会讨论这一点）。

团队成员之间一对一的良好个人关系及互动，是在正式的虚拟团队会议之外进行的。通过非正式的一对一沟通，将有助于团队成员彼此保持联系，快速增进了解，增加信任度，增强同理心。

丽莎在英国诺威奇（Norwich）保险公司工作，她是一位经理，这要求她要具有亲近感和讨人喜欢的性格，因为她需要快速地与人建立连接并获取信任。面对面交谈能够更好地了解一个人，但虚拟沟通就会困难得多。丽莎发现即时通信工具非常有用，同时也会使用视频电话和屏幕共享工具。她说："发送即时消息是一个早晨与人进行沟通的好方式。在我们的系统上，我们可以看到人们是否在线，然后就可以发送一条消息。也许会发信息说：'你今天来得好早呀！'或者'昨晚过得怎么样？'或者以一种友好的方式闲聊几句。"因为是发即时消息，比写电子邮件容易得多，但起到的与人链接的桥接作用却是显著的。人们已经习惯在个人生活中通过短信息进行沟通，所以这种沟通方式也很容易应用到工作环境中。

我发现那些习惯于虚拟团队工作的人，能更好地理解建立关系和相互信任的重要性，事实上他们也往往比那些刚接触虚拟团队工作的人，在信任远程同事方面似乎做得更好。这也难怪，因为无条件地信任你从来没见过的人，的确会让人感觉有一点怪怪的。

作为一个虚拟团队领导者，监控人们在会议之外的工作是很重要的。如果人们处于隐形的危险之中，你就应该察觉到可能有什么不对劲的事情了。有许多可能性：也许是性格内向导致的，他们喜欢在提出想法之前先把事情彻底地考虑清楚；或者他们正在经历一些影响他们工作的生活问题，抑或疾病的折磨。有些迹象可能表明，你的虚拟团队存在冲突，接下来我们就探讨这种情况。

冲突

正如我们在第3章和第5章中讨论的那样，冲突很难在远程状态下被察觉，会议之外发生的冲突更是如此。也许是有人没有分享对其他同事有用的信息，也许是有团队成员没有发挥他们应有的作用，也许是因为逾期交付，也许是未完成项目任务等。小问题很快就会以滚雪球的速度变成大问题。我的建议是仔细倾听，与团队成员保持一对一的联系，让他们在发生冲突时告诉你。你需要迅速干预并解决问题。如第3章所述的那样，了解冲突因何而起，以及如何在虚拟团队中防止类似情况。

冲突会让人们在虚拟团队中逐渐变得沉默，甚至经常直接"下车"了。这是因为他们没有承诺投入。在下一节中，我们将讨论如何使虚拟团队成员在会议之外的时间保持投入度。

投入度

在第5章中，我们讨论了在虚拟团队会议中保持人们参与度的重要性。对于人们来说，在虚拟团队会议之外，人们很容易就中断联系了，所以在会议之外如何保持人们的投入度是很重要的。

在会议中，你可以使用视觉元素、故事和人们的面孔来保持人们的投入度。在会议之外，这些元素也是很有效的。使用这些多元化的感官刺激方式，可以帮助人们在虚拟团队会议之外加强彼此的联系。一个这方面的例子就是使用前面图3-9所示的团队成员照片地图。你可以将此地图打印出来，分发给每个团队成员。人们可以通过地图看到对方，通过与这张地图的交互，人们会提醒自己，团队中的其他人是真实存在的，而不仅仅是个声音。鼓励人们在团队的在线讨论中分享他们的故事，用叙事方式而不是长长的列表来谈论问题。这将帮助人们记住彼此的故事，并使人们在讨论问题时始终保持投入度。

另一种用视觉连接人们的方法是团队隐喻（team metaphors）。例如，一个新项目很可能会被隐喻成一个新旅程，前面有一条漫长的道路，道路曲折，荆棘丛生，危险未知，但最终通向你想抵达的目的地。另一个团队隐喻是漂流之旅，这要求团队中的每位成员都要齐心协力，在湍流中要生存下来，在平缓的流域进行反思和体力恢复。什么样的比喻最适合你和你的团队？什么样的比喻能帮助你和你的团队工作？让人们的创造力发挥作用吧！需要注意的是，请慎重选择你团队的隐喻，因为有些隐喻在不同的文化中有不同的含义。任何试图用足球元素来吸引我的隐喻，都会让我感觉冷冷的。地域文化的差异也会产生一些问题，比如，我不会和我在中东的同事用漂流做比喻，因为他们更习惯沙漠而不是湍急的河流！

使用图片和隐喻的最后一个优点在于它们易于记忆。思维导图也很有帮助，正如你在本书中看到的——我希望思维导图能帮助你迅速找到书中感兴趣的内容。

人们的投入度会因为处理其他团队的工作而受到影响，特别是在处理当地工作的时候。因此，需要有专人跟进会议后的行动，使团队成员保持专注和投入，并提醒他们承诺过的需要完成的事情。

┃ 工作效率和效果

我们如何才能在工作中既要效率高还要效果好？在这个快节奏的世界里，这绝对是一个挑战，尤其是对我们这些在虚拟团队中工作的人来说。把我们和世界各地的同事联系起来的工具很容易打断我们，使我们偏离正轨。我们的任务在工作日结束之前尚未完成，因为其他地区的同事仍在工作。让大家在一起同时工作是很有诱惑力的，但工作时间越来越长，并不能提高我们的工作效率。日出前就起床，和东方的同事一起工作，日落后熬夜加班，与西方遥远的同事一起工作，这绝对不是明智之举的。

那么，虚拟团队及其领导者切实可行的策略是什么？我采访了格雷丝·马歇尔（Grace Marshall），她说工作效率的问题本质上是关于管理注意力，而不是管理时间（马歇尔，2015）。下面是这次对话中的一些关键点，这些关键点是由来自世界各地的虚拟团队领导者提出的问题而引发的。

时刻在线和工作结果，你需要哪一个？

许多虚拟团队员工所用的工具都可以显示其是否在线。对于一个虚拟团队员工来说，展示他们时刻在线是很有诱惑力的，这样他们的同事和团队领导都可以看到他们在工作。然而，这样也有缺点，人们可以自由发送即时信息，打断别人的工作。

这里有两个问题：需要被看到是否在线；被干扰的程度。让我们依次解决这两个问题。扪心自问，为什么人们会觉得有必要被看到是否在线？是你作为虚拟团队领导者身份的要求吗？你衡量的是员工是否在线，还是工作成果和他们所产生的影响？当领导者看不到员工时会感到不舒服，并且很想知道他们是否在工作，这是在重复旧的、过时的领导方式。还记得我们在第2章中讨论过的命令和控制的领导方式吗？当团队成员遍布世界各地时，它通常不起作用。

身为领导，要以身作则。让人们知道你什么时候有空，什么时候需要专注于完成工作。让他们知道，你希望他们同样这样做。你更感兴趣的是他们获得的结果，而不是我们看到的他们在线上的时间。记住，你做什么很重要，对自己和他人的期望也很重要。

中断和多任务处理

一台打开多个窗口的电脑似乎是在做多任务处理，但一次只处理一件事情。它可以快速地从一个程序切换到另一个程序，从而使它貌似能同时执行所有的操作。当我们需要精神集中做一件事情的时候，人类大脑也以类似的方式工作。尽管我们总在谈论多任务处理能力，但实际上，我们所做的还是连续的"单任务处理"：依次关注每一件事情。然而，与电脑不同的是，人类在任务切换时效率不高，我们会慢下来。

你相信这个结论吗？如果不相信，这里有一个练习可以尝试一下。拿一张纸，沿着中心画一条竖线，这样你得到左右两列。左列代表字母，右边代表数字。我们将探讨从字母到数字之间转换时，对我们处理速度的影响。你在左列写下字母表前10个字母，在右列写下前10个数字。这听起来很简单，不是吗？

当你完成这项任务两次时，让别人记录你的速度。第一次，横向写。在左列中写出第一个字母（A），然后在右列中写出第一个数字（1），再移动到第二个字母（B），第二个数字（2），一直到第十个字母（J）和第十个数字（10）。图6-3显示了你的纸在写完第一个字母和数字之后会是什么样子。

字母	数字
A	1

图6-3　多任务练习

你花了多长时间？与我一起工作的同事通常会用15~25秒。现在再试一次。

这次换一张新的纸，不要在字母和数字之间切换，而是把所有字母在左列写完，然后再移到右列去写数字。现在，计时开始！

这次花了多长时间？和上次有什么区别？这项任务通常需要7~20秒，大多数人比第一次的时间缩短了30%。为什么？因为这次没有把注意力从字母系列（A、B、C、D、E、F、G、H、I、J）切换到数字系列（1、2、3、4、5、6、7、8、9、10）。

如果我们在这样两个简单的系列之间切换，就能浪费如此多的时间，那么，当我们在复杂工作中切换时，我们会损失多少时间呢？当我被打断后，我需要花上15~20分钟才能重新集中注意力来继续写作，这与微软和其他公司调研出的结果一致。即便是很短暂地被打断，比如门铃响了，或者有人说："彭妮，你有时间吗？"不幸的是，即使我忽略了门铃声，或者说"不，我现在没有时间"，但我的工作仍然被打断了，我仍然需要一点时间才能重新开始写作。

作为一位高效的虚拟团队领导者，你希望能为你的同事提供服务。然而，工作中断会减慢你的工作速度，就像当你打断别人时，你会拖慢他们的工作一样。因此，当你需要高效地完成任务时，必须减少干扰。预留出可用时间，肯定不是所有的时间。与你的团队约定特定的时间，这样人们可以通过即时消息或电话直接与你联系。鼓励虚拟团队成员对他们的同事也采用这个方法。当你专注于某件事情而不想被打断时，可以将在线设置亮起红灯，这样就可以警告你的团队成员，你不想被打扰。你也可以发消息说："我将在英国时间上午10：00到下午2：00写我的书，此时段请勿打扰。我下午2：00后有空。"设定对他人的期望是关键，因为人们知道什么时候他们能得到你的支持。

许多干扰来自你身处的环境，而不是你的远程同事。尝试关闭所有可能出现在你电脑、手机和其他电子设备上的各种警告和提醒声。每天留出特定的时间来回复邮件。如果你在家工作，请确保其他人无法打扰到你（紧急情况除外），并关闭来自家庭设备的警报和蜂鸣声。关掉你的手机铃声，或把你的手机放到别处。

有时干扰来自内部。例如，在我写这一章的时候，我一直在考虑暑期休假的事情。也许是英国寒冷的冬季和糟糕的天气在暗示着我？这些想法萦绕于脑海，让我无法专注于异步虚拟团队工作！最后，我在家里的待办事项清单上写上了"预定暑期休假"，然后，我才可以继续我的工作。

长时间工作而不休息

当你的工作远离同事，或者晚上在家里工作的时候，你很容易不停地工作，并且会坚持工作很长时间。有些人可能会想，这正是一个虚拟团队领导者想要的——人们全神贯注地工作好几个小时！然而，我们是人类，不是机器。没有节奏变化的长时间工作并不能很有成效。我们需要休息，用来"充电、刷新和恢复"。格雷丝·马歇尔是这样说的："我们在压力下不间断地工作，其结果却是适得其反。"（马歇尔，2015）。作为人类，我们在高性能工作以后，需要一段恢复和休息的时间。 我们通过高性能时段和恢复时段的更迭，来保持工作高效与身体健康。

这样做的一个方法是应用弗朗西斯科·西里洛的番茄钟工作法（www.pomodorotechnique.com）。他建议每工作25分钟为一节，每节结束后休息5分钟，然后再开始下一节25分钟的工作。这样可以确保你的注意力集中，并且有规律地休息。你可以使用厨房计时器或者设置闹钟。

多项目处理

虚拟团队领导者和成员们通常都有多个项目同时运行。格雷丝建议，要想把这么多事情高效处理，我们需要区分两种工作方式。

- "老板"模式：我们定义要做什么，成功的标准是什么，目标和任务是什么。

- "员工"模式：我们什么时候要完成哪些任务。

这两种工作模式需要区分对待：首先，选择要做的工作，并确定所需的成果和所需完成的任务；然后，进入员工模式并完成任务。对于多个项目，在"老板"模式下，梳理出项目之间需要做什么类似的事情，并对它们进行批量处理，如打电话，然后进入"员工"模式去把电话打完。

电子邮件是个坑

电子邮件必定会出现在关于异步虚拟团队工作的章节中。这是给不同地方的人们既免费又容易地发送信息的方式。人们可以在不同的时间阅读它。电子邮件很可靠，人们已经习惯了在今天的工作场所使用它。

然而，电子邮件可能是一个很大的坑。它会在不同的时间突然跳出来，无论时间是对于接收者是否合适。有些人希望收到电子邮件的同事，能够立即给予回复，这意味着为了以防万一，他们的同事必须随时检查邮件。有些人喜欢将邮件抄送给许多人，所以电子邮件收件箱可能填充着很多不必要的邮件！

作为一位虚拟团队领导者，需要花点时间来达成一致，并建立你和虚拟团队使用电子邮件的礼仪。什么样的邮件该抄送给谁？人们期待的邮件回复速度是多久？何时使用电子邮件，何时使用其他工具：电话、短信、即时消息或团队在线协作工具？确保你知道每位成员最喜欢的沟通方式。

协作工具可能会变成垃圾场

就像电子邮件一样，使用其他工具也可能会降低团队成员的工作效率。协作工具和共享存储空间，最终可能成为虚拟团队倾倒冗余文件的垃圾场，在这里什么有用的文件都找不到。团队中的每个人都想要登录，仅靠志愿者来保持共享空间的整洁有序几乎是不可能的！

作为一个虚拟团队领导者，无论你使用什么协作工具，请确保明确使用共享空间的目的。什么样的文件该进入什么存储路径，规范人们如何使用共享空间的礼仪。谁来负责这一切呢？格雷丝建议你将工作文档与参考资料分开，在项目结项后完成存档。

工作永无止境

在虚拟团队中，如果工作像太阳一样东升西落，没完没了，那么很多人就需要不停歇地夜以继日地工作。作为虚拟团队领导者，要与你的团队成员并肩前进，这是一种诱惑。然而，凌晨4：00起床，和你位于东部时区的团队一起工作，并不能帮你在白天提高工作效率。当然，也不要工作至午夜，只是因为能与你西部时区团队一起工作。相反，要清楚你每天工作时间要做什么，你的阶段里程碑是什么。举个例子，对我来说，写这本书的这部分的时候，我的阶段里程碑是完成这一章，然后去听管弦乐队的彩排。不要只是向前看，而是要庆祝你所取得的成就，鼓励你的团队庆祝成功。在我与之共事的公司中，人们常常急于开始下一个项目，而不是花费一点时间停下来反思、学习和庆祝，并感谢那些参与了主要工作的人。作为一个虚拟团队领导者，考虑一下你应该如何感谢团队成员的贡献。当你们取得里程碑或取得成果时，你如何鼓励团队庆祝？

还要注意的是，你的团队成员很可能会像你一样，工作很长时间。鼓励他们合理地安排工作时间，避免超载和崩溃。当然，他们更有可能以你为榜样，如果你自己能够以身作则！

紧急与重要

人们倾向于把注意力放到那些更重要的事情上去。50多年前，艾森豪威尔（Eisenhower）总统说过这样一句话："我有两种问题：一个是紧急，一个是重要。紧急的不重要，重要的永远不紧急。"斯蒂芬·柯维（Stephen Covey）把这个想法发展成一个2×2矩阵，对重要/不重要和紧急/不紧急进行了分析（柯维，1989）。他建议按照以下4个类别来探索我们的任务。

- 重要又紧急：无论如何我们都不能忽视的事情。它们往往是不可预见的，往往是那些被拖延的、最后需要完成的工作。

- 重要但不紧急：我们可能忽视的事情。我们应该在这些事情上面集中精力，高效地完成。重要不紧急的事情对你的项目交付和完成目标会有帮助。

- 不重要但紧急：这是一些对我们自己来说不太必要做的事情，但是其他人却希望我们能够迅速处理的事情。

- 既不重要也不紧急：真正应该放弃或完全避免的事情，因为这些事情能够产生的价值很少，或者根本就没有价值。

你可以看到马尔科姆（Malcolm）作为一名虚拟团队的领导者，是如何应用图6-4中的指导原则的。试着按你的任务画张同样的矩阵。通过避免做那些既不重要又不紧急的象限，节省出一些时间。要想办法减少一些对于其他人紧急但对你并不重要的事情。在重要任务变得紧急之前，要把注意力集中于重要但不紧急的事情。你现在需要做出一些什么改变，加强什么方面的事情？工作计划、学习和发展技能，还是建立关系？

	紧急	不紧急
重要	紧急任务，那些没有预见的工作，或者是那些留到最后你不得不做的工作。 • 一些与自己工作有关的电话。 • 一些与团队成员进行的一对一的电话沟通。 • 一些虚拟团队会议。 • 一些临近截止日期的任务	帮助你达成目标的工作。 • 计划。 • 个人的学习和发展。 • 花时间与我的团队和客户发展人际关系。 • 一些与团队成员一对一的电话沟通。 • 提前完成的一些工作
不重要	此时此刻对别人来说很重要，但对我来说不重要的工作。 • 打断和干扰。 • 与我或我的团队没有直接关系的电话。 • 大多数电子邮件/短信的提醒。 • 为了处理别人的危机而召开的虚拟团队会议	无论是现在还是将来，对你和其他人来说都不重要的工作。 • 大部分在网上与朋友闲聊的行为。 • 大部分与我的目标不相关的邮件，比如新闻简报。 • 自己玩手机游戏

图6-4 马尔科姆矩阵：一名虚拟团队领导者的重要vs.紧急矩阵

工作环境

很多虚拟团队的成员都会在家工作，在一个不那么令人满意的环境中，每周工作几个小时。以我为例：曾经我在家工作时，必须把笔记本电脑支在膝盖上。现在，我在家设置了一间专门的办公室，可以选择站立或坐着办公，房间灯光良好，我的笔记本屏幕亮度适宜，拥有独立键盘和鼠标垫，可调节高低的椅子和脚踏板，以及和电脑连接使用的电话耳机和可调麦克风。桌子有足够的空间，可以让我保持与电脑的健康距离。我旁边有书架和打印机。我坐在朝南的窗边工作，可以看到自然光，还能看到维多利亚时代的屋顶瓷砖和巨大的栗子树。

很多人患有重复性劳损（Repetitive Strain InJury，RSI）。许多国

家都有使用键盘的法律要求，因此组织应为你提供合适的设备，使你可以在家工作。值得研究一下你和你的团队成员需要哪些设施，以便能够在高效的环境中工作。

虚拟工作环境中的风水问题

萨拉·麦卡利斯特（Sarah McCallister）与世界各地的企业合作，帮助他们充分利用他们的物理环境。她是一名风水大师，专门研究环境对我们的影响。她的专长是如何通过优化我们的空间布局，使我们变得更高效、更健康、更快乐。

我向莎拉咨询了她对虚拟工作环境的看法。她的工作通常都是考虑某个特定的空间，但以下是她在考虑工作环境时很有用的一般性提示。

- 如果你一个人住，并且在家工作，感觉很孤单，增加鱼缸能给你的办公环境带来更多的活力。

- 避免红色和黑色混在一起，虽然在墙上绘制几何图案很有趣，但它们可能会产生过度刺激。

- 许多虚拟团队成员的地板和办公桌上有太多杂乱无章的电源线。花钱买一个质量好的集线器，把电源线整理齐整。给插头贴上标签，让你知道哪个插头对应哪个设备。

- 如果你的工作区域空间混乱而无序，这会平添许多杂乱的想法。

- 若你能选择办公场所，那么面朝东部、东南或南部，可促进业务发展。

项目交付

在虚拟团队会议中，你可以问人们事情进展得如何了。你可能会问，但也可能不会问。想想为何会这样，是文化差异、语言问题还是代际的因素阻碍了你。在会议之外，对于虚拟团队领导者来说，要想了解事情的进展并不是一件容易的事情。

那么，我们如何才能确保工作得到实施呢？你不能通过察看的方式，监督人们正在做什么，但作为一个虚拟团队领导者，你需要适时了解什么进展顺利，什么进展有问题，以及人们需要你的什么帮助。无论如何，你需要有合适的方式和方法，监督项目的产出和可交时成果。

当你的团队成员说他们的工作"几乎完成"（另一些人认为任务"完成了90%"）时，需要谨慎。那是什么意思？有一次，有一位团队成员告诉我，某些事情"几乎完成了"。然后，这项任务就停滞在"几乎完成"上面，一直持续几周时间！我注意到很多人有低估待完成工作的倾向。而过度热情的汇报，很可能是文化因素所致。在某些文化中，避免坏消息是很重要的，因为他们害怕坏消息会对团队成员和领导者产生负面影响，就像是"保存面子"。我们将在第7章进一步探讨这一点。我建议避免"90%的完成"和"几乎完成"这样的表达，而应该问：你的任务是否还没有开始？你完成了50%还是已经全部完成？你的项目协作和管理工具也要使用这样的方式。

确保虚拟团队工作交付的另一个关键部分是团队成员要对自己的行为负责，并对自己的绩效和进步负责。确保他们理解团队对他们的短期和长期的期望。

实施"敞开大门政策"很有用，团队成员可以请求支持、指导、提问或寻求帮助。南希·塞特尔-墨菲建议，在你的日程表里留出一些时间，这样人们可以找到你（塞特尔-墨菲，2013）。要确保所有的团队成员能在正常工作时间内得到你的支持，这可能意味着你需要在不同的时间召开一些工作会议。

清晰的文档管理对虚拟团队是很有帮助的，这样人们就可以更好地查阅和使用文档。如果你工作在一个严格监管的行业（如制药行业或金融服务部门），则可能需要对这些归档进行审计跟踪。为你的文件提前统一适当的命名格式：根据需要选择命名项，但过犹不及。

多年前，有人认为没有人会详细阅读他的文件。为了验证他的理论，他在他的文件中增加了小说《白鲸》（*MobyDick*）中的一段，果然，没人做任何评论！我的某位客户在一份文件中加上了"圣诞老人说的话"（Santa Claus says），仍然没有人注意到。请确保你的团队没有浪费宝贵的时间来制作一些永不会被使用的文件。

随着工作的进展，要鼓励人们对工作做一些回顾，什么是有效的，以及事情怎样做才能更好。像这样的复盘强调了改进的可能性，并提醒你保持正确的工作方式。养成团队定期复盘的习惯，收集团队成员的意见，然后做出适当的改变。这并不困难，而且能带来很大的价值。当我收集问题时，我使用标题："什么是有用的"和"我希望……"。

确保工作量在整个团队中的公平分配。在面对面的环境中，你可以一目了然地看到谁在全天候工作，谁在悠闲地处理事情。预先设定你期望每个人工作的小时数。当他们加入团队时，从他们那里获得对这些期望的承诺。请记住，团队有一个大家共享的、达成一致的共同目标，因此鼓励每一个人都要互相负责，当然也要对你负责，完成他们承诺过的、应该做的事情。

为了确保工作交付达到正确的质量标准，你要通过状态报告、虚拟团队会议和实际工作成果，来观察事情是否正常。你看不到人们如何工作。他们在为自己的工作抓狂吗？他们是如何与其他人合作的？有人进行一些必要的辅导吗？他们能更有效一点吗？如果能，怎么做？你需要警惕一些细微的线索，提示工作进展可能出现了问题，可能是在最后一分钟取消的一对一会议，会议上很少或没有输入，工作进度放缓，电子邮件或即时消息没有响应。我们将在下一节中讨论工作绩效的事情。

▎绩效管理

你需要促进和发展你的虚拟团队成员，并管理他们的绩效。请考虑仔细并做好计划：你不会在走廊里突然撞见你的直接下属，因此你需要为计划的绩效谈话留出时间。注意不要把线上会议的每一分钟都用来讨论业务问题，要留下一点时间来做一做一对一的绩效沟通和专业发展。

在虚拟团队中，不要试图自己去收集团队成员的全部业绩表现信息。南希·塞特尔-墨菲建议实施同事反馈机制，定期收集团队中每个人的绩效反馈（塞特尔-墨菲，2013），包括你自己的。选择一种最适合特定团队和团队成员的有效方法，坚持应用于每一个人。确保人们知道你是以结果为导向的，并且这些数据将被用来帮助每个人的发展。如果你的团队中有一些是外包雇员，为他们收集绩效数据也很有意义。与每一个团队成员自己的直线经理交谈，这样你团队成员的学习和发展计划，就能够得到更多、更好的支持。

倾听是虚拟团队领导者的一项关键技能，尤其是当绩效出现问题的时候。要尽可能地使用多媒体的沟通方式：这个时候不是异步工作的时机，而是要做一对一绩效会议的时候了。你可能会发现，在一些困难的情况下，面对面的绩效面谈是最有帮助的，但这并不总是可能的。这个时候，一个高清晰度的视频会议设施会很有帮助。你要仔细倾听，注意团队成员的各个方面：他们的肢体语言、语调和用词。目的是倾听他们的潜在需求，而不仅是问题的表面症状。在提供建议或帮助之前，请先征得许可。南希说，一次成功的绩效面谈，可以创造奇迹，为一个团队成员赋能，让其在未来能够更加独立自主地工作！

幸运的是，绩效管理不仅仅是为了解决问题，还在于庆祝个人和团队的成功。虽然虚拟团队成员很容易感觉到孤立、不被看见和未被注意到，但通过我们感谢个人的贡献和花时间来庆祝整个团队的成功，就能够消除这方面的负面情绪。

西蒙（Simon）的故事

西蒙在一家全球电信公司工作了12年。他过去一直是公司内部的IT人员，直到5年前他开始担任一个全球性的工作角色。他典型的一天包括以下活动。

- 售前工作，支持他最大的电信客户。

- 为客户的业务流程建模。

- 负责自动化系统集成，为客户端创建服务操作模型。

- 准备文件和推动项目进展。

西蒙发现，他远离办公室的工作越来越多，但一切都很顺利。在世界各地的项目组中，大部分的同事他从来没有面对面地遇到过。良好的Wi-Fi是必不可少的！他有时在咖啡店工作，可背景噪声总是干扰他。随着虚拟团队会议中越来越多地使用个人网络摄像头，他更喜欢在家里这样安静的地方工作。

对于西蒙来说，典型的一天从健身开始，然后切换状态，上午9：00左右开始打工作电话。他每天都做计划，提前准备好电话内容——甚至比参加虚拟团队会议还重视。我们谈话的那天，西蒙参加了4场虚拟团队会议，这是相当轻松的一天。他日常生活中经常会有背靠背的会议，每天有六七场虚拟团队会议。在本周，他有时得熬到午夜才能与他的美国同事沟通。

> 尽管西蒙有多年在家工作的经验，但我惊讶地发现西蒙通常工作的地方就是他的餐桌。他不是一个典型意义的"远程工作者"，他在办公室里有一个永久工位，但是他很少去公司办公。
>
> 我们谈话的那天，西蒙不得不搬出客厅，因为他妻子正在等一个客人，他不得不回到书房里工作。其他挑战还包括他的儿子放学后要练习钢琴，而西蒙此时通常在开电话会议！

总结

在本章中，我们讨论了会议外的虚拟团队工作，回顾了虚拟团队通过沟通、建立相互关系、冲突和投入度，如何提高工作效率，如何形成团队工作交付方式，如何管理虚拟团队绩效。

问题反思

在应用本章所讲内容之前，请仔细阅读和应用第3章所讲的内容。

（1）你是如何通过沟通支持你的虚拟团队的？如果有一些团队成员和你在同一办公室，而另一些团队成员在偏远地区，是否有一个公平的环境，每一个人都能得到公平的信息和你同样的重视？如果不是，你会做出哪些改变？

（2）你的团队中有谁感觉到很孤单，为什么？你可以做一些什么以便让他们感觉到自己是团队的一部分？

（3）你如何在虚拟团队中与每一位团队成员建立融洽的关系、让大家相互信任和具有同理心？团队成员之间又是如何做的？

（4）你是如何监控和发现团队中的冲突的？当冲突爆发时，你会做什么？

（5）你现在如何与你的虚拟团队成员合作，吸引他们的参与？你将来会尝试做一些什么？

（6）你现在有一些什么新想法可以用来帮助提高工作效率？什么对你是有效的，什么对你不起作用？请仔细考虑如下因素：全天候工作、被打断的工作、多任务处理、多项目处理、电子邮件、共享存储空间，所有这一切你是如何安排的（或没安排），以及如何聚焦重要的事情，如何应对工作的环境问题等。

（7）怎样做好项目交付？你将如何利用所学到的经验来改进项目的交付？

（8）你对虚拟团队中的绩效管理有什么看法？什么是有效的，什么是需要改变的？你想把哪些想法融入你自己的实践中？

（9）你是怎样与你的团队一起庆祝成功的？你现在有什么新的想法吗？

（10）你对西蒙的故事产生共鸣了吗？也许你也像西蒙一样，在客厅的餐桌上工作？你的虚拟团队工作环境怎样？如何改进？

▌参考资料与延伸阅读

[1] Covey, S（1989）*The Seven Habits of Highly Effective People*, Free Press, New York.

[2] Crenshaw, D（2008）*The Myth of Multitasking:How doing it all gets nothingdone*, Jossey-Bass, San Francisco.

[3] Harrin, E（2016）*Online Collaboration Tools for Project Management*, PMI, Newton Square.

[4] Marshall, G（2015）*How to be Really Productive:Achieving clarity and getting results in a world where work never ends*, Pearson, Harlow.

[5] Settle-Murphy, N（2013）*Leading Effective Virtual Teams: Overcoming time and distance to achieve exceptional results*, CRC Press, Boca Raton.

第 7 章

虚拟团队的复杂性：时区、语言、文化和代际

到目前为止，本书已经讨论了虚拟团队的很多方面，我们了解到远程工作与相同地点工作，其同事之间相处的方式十分不同。还有几件事我们没有涵盖，这增加了管理虚拟团队的复杂程度，如跨多时区、语言障碍、文化差异和跨代际工作。远程工作所涉及的这几个方面是本章重点。你可能会觉得你现在不需要本章，尤其是当你和相同年龄段、相同成长背景、相同教育背景、相同母语、来自世界同一地区的人一起工作的时候。然而，大多数虚拟团队非常多样化，所以我希望你可以探索一下这部分内容，本章对提升虚拟团队领导力很有所帮助，而且也很有趣。本章思维导图如图7-1所示。

通过阅读本章，你将理解：

- 跨多时区对虚拟团队的影响，以及4种有效处理跨多时区的策略。

- 从英文母语人士到英文非母语人士再到说其他语言的同事，语言能力可成为阻碍虚拟团队沟通的障碍。

- 使用"海外英语"（offshore English）来增进理解，是解决团队语言问题行之有效的方法。

- 为什么虚拟团队领导者很重视文化差异，文化差异是如何产生的。

- 如何在不同文化背景下有效地工作。

- 为什么代际问题对虚拟团队成员来说很重要，你在虚拟团队中能见到各年龄层的同事。

- 什么对于不同年龄层的同事会奏效，什么不会。

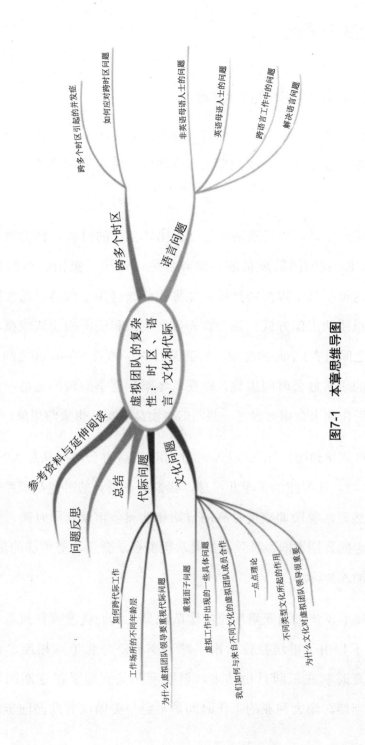

图7-1　本章思维导图

| 跨多个时区

跨多个时区引起的并发症

你在哪个时区工作？人们来自的国家时区不同无疑增加了虚拟团队工作的复杂性。让我们探索以下案例，突出说明跨多时区合作的复杂性。

回首往事，当我刚刚接触虚拟团队工作的时候，感觉像是被抛进了深渊。我的团队成员遍布世界各地：法国、英国、美国和澳大利亚。这可不是个理想的开始，如果我能选择先易后难，循序渐进地熟悉虚拟团队工作方式，我会首先挑选英国和法国的团队成员，伦敦和巴黎之间只有1小时的时差，从英国上午9：00到下午4：00之间，这两个地区的正常办公时间重叠。即便从冬季到夏季的转换也是同步进行。这样工作起来会相对容易一些，但事实是事实，想象归想象。

自从纽约团队加入以后，我的团队重叠办公时间从每天7小时缩减到2小时，还好纽约位于北半球，我们会在夏天的时候都调整使用夏时制。然而，美国调整夏时制的日期和欧洲会相差几周时间。因为夏时制的起始日期不同，导致我好几次提前登录会议，更糟糕的是晚了1小时才加入会议。

加上在澳大利亚堪培拉的团队成员，我们就没有任何重叠的工作时间了！由于堪培拉位于南半球，季节差与北半球相反。在澳大利亚，夏时制在三四月份结束，但欧洲和美洲却要在这期间开始夏时制。当然，澳大利亚的工作时间是不会与美国或者欧洲同步的，所以在此强调，当你组织会议的时候，特别是在3月、4月和10月、11月要特别注意。但即使我们理解了时差，更大的问题依然存在：我们没有共同的正常办公时间（见表7-1）。

表7-1　我的例子中描述的跨多时区情况——多么复杂

	英国伦敦	法国巴黎	美国纽约	澳大利亚堪培拉
时间（一月）	上午9：00	上午10：00	凌晨4：00	下午8：00
	下午2：00	下午3：00	上午9：00	凌晨1：00
	下午5：00	下午6：00	中午12：00	凌晨4：00
2016年夏季/冬季时间变化	3月27日提前1小时10月30日推后1小时	3月27日提前1小时10月30日推后1小时	3月13日提前1小时11月6日推后1小时	4月3日推后1小时10月2日提前1小时

我加入的第一个虚拟团队，有一个方面对我影响不大。想象一下，如果我的团队扩大到包括中东的卡塔尔，那将会怎样？他们的周末不同于欧洲、美国和澳大利亚，因为他们周日到周四工作，而不像我们是从周一到周五。有趣的是，卡塔尔没有夏时制，所以与英国的时差会从冬季的4小时，变为夏季的3小时。

影响我团队的另一件事是，由于有那么多不同国家的团队成员加入，人们有享受假期的权利。除了法定假日（如开斋节和圣诞节）外，不同国家员工享受的年假天数也有很大差异。我记得，美国同事们一年只有2周年假，而法国同事有6周年假，并且整个8月他们都在这个国家玩消失！此外，许多国家在某些州有当地假日，其中一些是神圣不可侵犯的，有些则不是。

因此，让我们总结一下来自跨多时区的问题：有限重叠的办公时间；夏时制变化不同步，南半球和北半球季节是相反的；周末和法定假期在世界各地都各不相同。

如何应对跨时区问题

团队成员必须一起参加实时会议吗？

首先，考虑是否需要整个团队作为一个整体同时工作。你是否可以在世界各地，跟随太阳的升落，把团队分成几个工作小组，用简短的会议，把会议内容从上个工作小组，传递到下个工作小组；或者，你可以按时区分组，仅与同时区的团队成员开同步会议［就像下面英国圣公会生态主教们（ECO-Bishops）的故事］，然后用异步工作方式与其他时区团队保持联系。这些选项中的任何一个都值得考虑。

你肯定不会想到，像英国圣公会这样的宗教组织，在 21 世纪会成为虚拟团队领导力的标杆。英国圣公会拥有遍布全球世界各地的教会网络，其中许多教堂已经存在了数百年。然而，面对人类所面临的全球问题，如气候变化的严重影响，英国圣公会需要在全球范围内进行调查。仅仅是运送专家抵达世界各地的飞机，就是一笔巨额支出，其效果可能也适得其反。

5 年前，我培训了一批英国圣公会神职人员关于如何提高虚拟团队领导力。自从那时起，他们一直与组织内部人员靠网络分享知识和技能。泰瑞·鲁滨孙（Terrie Robinson）当年参加过我的培训，我有幸在 2015 年 12 月写本书期间采访了她。泰瑞告诉我，她工作的一部分是支持国际合作网络，有一个案例是英国圣公会生态主教们所倡议的气候公正会议，世界各地的生态主教们前来参会，有的主教们来自遭受气候变化影响严重的地区，受尽干旱蹂躏、海平面消失、极端自然灾害和风暴之苦。例如，菲律宾正面临更频繁和更具破坏性的台风，加拿大北部地区的土著们很难再靠传统的狩猎与捕鱼为生。斐济的白色海滩正在被冲走，飓风甚至袭击了纽约。

当我采访泰瑞时，生态主教们已经在一起工作了好几年。他们采用虚拟团队会议模式，使用共享屏幕、视频和音频，为接下来的大型面对面会议做会前准备。此外，他们还通过电子邮件和在线存储空间共享文档。

生态主教们分散在多个国家，跨多个时区。为了更有效地一起工作，那些较接近时区的主教们组成项目小组，他们共分成3个小组。由于主教不一定精通虚拟技术，小组中的每个成员都要在会议前接受技术培训并进行实践。

通过3组虚拟团队的配合，所有团队之间的信息共享，生态主教们得以在2015年2月会议之前互相了解，倾听彼此的故事，建立起相互信任。主教们在面对面会议中，商定了共同的战略、宣言和应对气候变化所采取行动的呼吁，会议结果最终提交给英国圣公会。生态主教们还把会议结果带到了2015年11月举行的联合国气候变化峰会上。在这次峰会，195个国家签署了具有里程碑意义的协议，就气候变化问题采取行动。

泰瑞告诉我，她的部分工作是支持像生态主教这样在国际网络上的工作。她扮演的关键角色是虚拟团队领导，因为她需要激励来自世界各地的人们一起工作。当然，这是非常具有挑战性的角色，有各种各样的障碍需要克服，从冲突地区的参会者上网困难，到横跨多时区，再到人们努力适应新技术。然而，她觉得有机会支持像生态主教这样的团队时，一切都是值得的。

为实时虚拟会议创建共同的时间交集

如果团队成员必须同时见面，那么需要找出合适的时间交集。如果你需要频繁地开实时会议，改变工作时间可能会有所帮助。在我前面的例子中，如果在澳大利亚堪培拉的同事能在晚上工作，那就可以创建出工作时间交集。然而，如果要求别人轮班，这可能是个很大的压力，所以我会尽量避免这样做。在大多数情况下，如果人们工作时间灵活，轮流参加办公时间以外的虚拟会议，效果会更好。

确保在办公时间以外参加会议的责任由团队分担，以保持公平的竞争环境。记住，当涉及组织时，公平是虚拟团队信任的关键部分，我们在第3章中有详细阐述。不幸的是，我经常听说，最小办公时间重叠的同事会被要求在不方便的时间加入电话会议，通常是他们该入寝的时间。以我为例，离我最远的团队成员是澳大利亚人，与我们和其他人的办公时间都没有重叠。如果他总是半夜爬起来参加我们的线上会议，这对我们这些来自美国、法国和英国的人来说日子会好过很多，但对于澳大利亚同事来说却十分不公平！相反，我们在团队内分担了痛苦和不便，调整了会议时间，以适合每位团队成员。

同时也要记住，对某些人来说，灵活的工作时间相对容易。例如，某些团队成员可能在家还需承担养育孩子或照顾老人的责任；另一些成员可能要参与社区的一些工作，或参加体育活动，或其他一些社会活动。期望人们放弃一切活动来参加你的会议是不现实的。花一点时间了解人们的生活节奏，以及最适合他们的工作时间，是很有必要的。有些人会很愿意在深夜（他们的时间）开会，而另一些人则认为这是不可接受的。再重复一次，你一定要深入了解你的团队成员，搞清楚什么对他们是重要的。

组织有序，让大家可以清晰地看到每个地点的日历和当地会议时间

针对跨多个时区会议，很值得投入一些精力好好做组织工作！用团队共享日历来记录每个地点的工作日和每位成员的假期安排，确保你可以看到所有团队成员所在地的当地时间，世界时钟或者设备上的国际时间App都可以帮助到你。确保所有团队成员都清楚夏时制的变化和会议时差的变化，这样你可以提前计划会议。在3月、4月、10月和11月，有时令变化的月份，要特别仔细安排会议时间。

充分利用异步工作

扪心自问，团队成员是否真的需要实时合作。当团队成员跨多个时区工作时，使用异步技术支持将更加合理。第6章有详细阐述能帮助到你。例如，你可以使用在线对话的虚拟协作工具，也可以录制对话或者讲演文稿以供日后使用（视频或音频不限）。书面的会议记录很有帮助，人们可以快速浏览以节省时间，而不必看完整个会议的视频才知道发生了什么。

▎语言问题

非英语母语人士的问题

英语经常被作为国际商业语言，所以，我从人们说英语时会出现的问题着手。现在，当你正在阅读这本书，并且已经读了很久，我可

以假设，要么你的母语为英语，要么你的英语很好。你可能会决定跳过本节，但请不要这样做！请继续阅读本节，因为在工作中使用英语的许多问题，实际上来自我们这些英语母语或英语流利的人。

问题的根源在于，英语是一种充满微妙和细微差别的语言，其词根来源于各种语言，从拉丁语到德语。英语中充满了隐喻和成语，句子结构复杂，对英语母语的人来说非常有意义，但对其他人却没有什么意义！所有这些，对于非英语母语人士来说会觉得非常混乱，即便每个单词都能看懂，但对整个句子会不知所云。

让我举几个例子，来说明混淆人们是多么容易。几年前，我为虚拟工作峰会采访了理查德·波利（Richand Pooley）（普尔和普兰，2012）。我介绍他是成功的虚拟团队领域的"leading light"（"领袖"的意思）。说真的，他确实是此领域公认的意见领军人物。然而，对于英语是第二（或第三或第四）语言的人来说，很可能被隐喻"leading light"给弄糊涂，从而失去了对话的情感链接。回想起来，我真应该把这个比喻完全去掉，简单地说："理查德是位公认的领导者。"类似这样的隐喻或成语会妨碍非英语母语人群理解你的意思。

对于非英语母语人士来说，理解英语母语人士讲话，动词比名词要难。例如："Who do you work for?"（你在为谁工作？）问题更清楚一些就是："What is your company?"（你在哪家公司工作）"Please inform your manager"（请告诉你的经理）这句话，虽然听起来正式些，可要让非英语母语人士更容易理解的话则可以是"Please let your manager know..."（请让你的经理知道……）。同样，如果说"Collect me from the office at 5 pm"（请下午5：00到办公室来接我）

听起来很正式，也更直白，比"Pick me up from the office at 5 pm"（请下午5：00来办公室接我）更容易一些。因为最后一句话包含一个短语动词"来接"（to pick up），这显然是许多非母语人士的噩梦！

请记住，英语单词"do"和"get"有太多用途，它们很容易给人造成混淆。最好是避免含糊不清的术语，并使用更具体的术语作为替换。所以，与其说"I get what you mean"（我了解你的意思），不如试试"I understand what you mean"（我明白你的意思）。当你说"What do you do？"（你是做什么的？），不妨试试替换成"What is your job（or role）？"[你的工作（或角色）是什么？]

个别单词也会引起问题。你可以在卡特（Carté）和福克斯（Fox）所著《弥合文化差异》（*Bridging the Culture Gap*，2008）书中找到一长串这些"假朋友"。一个例子是"formation"（形成）一词。对于西班牙语、法语、意大利语或葡萄牙语的人来说，这个词在他们的语言中表示"训练"，所以，他们很可能以同样的方式理解英语单词。然而，对于以英语为母语的人来说，这通常意味着创造一些东西。理查德分享了一个以此为例的小故事。他听到一位英国记者在电台采访一位法国外交官，这位外交官说，法国"formed the Iraqi police"（训练了伊拉克警察），记者认为这意味着法国人帮助创建了伊拉克警察组织，记者感到非常诧异，但这不是真实的，是被误会了。实际上，这位外交官想表达的是法国人训练了伊拉克警察，这是正确的，这没有什么争议。这里还有一个让人误会的例子，很容易让我们陷入麻烦：法语单词"demander"的意思是"提问"，然而，对英语母语人士而言，则会把法国同事的"demander"看作一种要求！

英语母语人士的问题

对于英语母语人士来说，也有一些陷阱，因为有些英语单词对不同的人来说意味着不同的东西。我是英国人，但小时候在南非住过几年，曾去拜访过住在美国的姑妈，现在我嫁给了一位新西兰人，所以我知道这4个版本的英语有很多不同。例如，当南非人说"I'll do that just now"（我将现在要去做）你会怎么理解？大多数人会认为南非人想表达"马上开始做"的意思。但实际上，当南非人想表达要立即开始做某件事情的时候，他们会说"I'll do that now now"（我将马上就去做）。你是否意识到，南非成员在虚拟团队中会导致何种问题？但实际上不仅仅是南非英语，还有来自不同地方的以英语为母语的人之间，都可能会产生各种误解。

跨语言工作中的问题

并非所有虚拟团队成员都使用英语，可能会有多种不同的语言。如果人们不得不说非母语的语言，他们可能需要更多的时间来翻译、思考和回应。

作为虚拟团队领导者，确保人们有机会说话，并确保流利的演讲者不会主导谈话。记住，用另一种语言说话是一件很累人的事情。我记得我用法语参加了一个小时的电话会议。我在会议上显得相当安静，因为我的法语很生疏。开完会后，我感到整个人都筋疲力尽，并伴有剧烈的头痛。对于那些精通虚拟会议语言的人来说，很容易忘记那些在第二或第三语言中工作的人需要做多少额外的工作，这是很不容易的。

解决语言问题

作为虚拟团队领导者，针对语言问题，我们能做一些什么呢？考虑那些来参加虚拟团队会议的人，考虑他们的需求。和往常一样，意识到问题是非常重要的第一步，让你的团队成员知道你了解他们的情况，并共同制订解决方案。

你的团队中是否有非英语母语的同事，而英语是你们共同的工作语言？如果有的话，请在你的会议上号召说全球通用的英语或者叫海外英语。显然，这是以非英语母语人士彼此交流的方式，他们往往会发现，与英语母语人士相比，他们更容易相互理解对方（卡特和福克斯，2008）。海外英语省略了那些对非母语人士来说很棘手的词汇和表达方式。它省略了隐喻和成语、短语动词，不允许使用动词作为名词。虽然它看上去相当简单，有时也很正式，但它可以帮助简化交流，符合我写这本书时经常谈到的一个原则，即公平竞争环境。

确保你意识到不同语言中不同事物/词语的含义，当有疑问产生时，要求人们澄清到底是什么意思。在你的演讲中尽可能地具体，鼓励别人也这样做。

单词发音清晰，短语和句子结尾时留下停顿，让人们跟上你的语速。很多人说得太快了，所以请说得慢一点，以确保句子完整。作为额外的预防措施，停下来重新表述一下你（或其他人）刚刚说的话，以确保每个人都能以预期的方式理解关键点。

记住，那些在你的虚拟团队会议上不断进行翻译的人（非母语人士），他们需要付出许多额外的努力。在可能的情况下，在你的音频旁边，也许在共享屏幕的角落里，提供关键要点和关键决定的书面记录。在可能的情况下添加一些视频，因为这增加了肢体语言和语音语调，可以帮助人们更好地理解。

如果有一群母语各不相同的虚拟团队成员参加会议，考虑将翻译和反思时间作为会议日程的一部分。我听到过一个法美团队的抱怨，他们彼此感觉很沮丧，因为法国人会停下来开个小碰头会，以确保在会议要点上他们达成了共识和理解一致，可是美国人却继续推进会议议程。当美国人意识到，他们的法国同事在讨论下一个话题之前，需要用法语进行短时间的交流，研究小组决定，为法国同事在每次会议的每个主题之间，插入一两分钟的"泡澡"时间。

如果人们想查看所有内容，你可以选择记录会话并提供文件附件，可将其翻译成团队成员自己的语言。很明显，简短的会议纪要可以帮助人们了解会议谈话的要点，总结决定和采取行动。一些会议服务提供商可以提供同声传译，只需按个按钮同传就可以接入你的电话，这可以让人们用自己的语言说话，尽管对每个人来说都需要减慢语速，而且费用昂贵。充分利用异步协作工具，因为这些工具允许人们在合适的时间和速度中阅读，这比聆听更容易。

与其等到需要解决的问题出现，不如防患于未然。我的建议是，首先仔细考虑你的沟通原则，并让团队成员参与策划这些原则。例如，用于团队沟通的语言是什么？（如果是英语，哪种英语？）团队成员如何确保每个人都能清楚地理解他们的对话？如果人们理解有困难，他们应该做一些什么呢？我们如何设计会议议程？如何有效地利用技术手段来帮助人们更好地理解？

要求人们在发言和写作的时候都尽可能明确和具体，并鼓励每一个人都能提出问题，告诉别人有什么是他们无法理解的。作为一个虚拟团队领导者，当你不清楚某人的意思时，通过问问题的方式是非常有帮助的，因为其他人会效仿你，做同样的事情。与新成立的团队开始会议时，我发现这样做的话会很有帮助："如果有时候我说的话让你们觉得很奇怪，请帮助我指出来。"你可能会发现，在某些文化中，人们不想立即指出问题，而宁愿等到他们可以与你私下交谈时再说。基于这方面，你可以问一问大家："我怎样能说得更清楚一些呢？"或者，"下一次我们怎么做，才能确保在进行下一个议题之前，每一个人都能完全理解会议的内容？"这是一个积极正向的、公开的问题，它没有把责任推到任何人身上，对我而言，这是发出一个友好的邀请，期望帮助团队成员改进相互的沟通。

文化问题

虚拟团队领导需要帮助他们的团队克服文化差异。每位团队成员的文化取决于他们成长的环境和背景。虽然这样讲有些刻板，特别是当评价或判断他人时，可能是不准确的，但它们的确可以帮助我们预先猜测，如何与他人进行最有效的沟通。

为什么文化对虚拟团队领导很重要

我们的文化就是我们的生活方式——影响我们做事的方式和观念、习俗和社会行为。问题在于，我们的文化对自己来说相当正常，所以我们往往不会注意到它。想象一下在鱼缸里游泳的金鱼，完全不知道周围的水。文化就像水——它就在那里，但未曾被注意到。

作为虚拟团队领导者，你的团队可能包含多种文化，当经历文化冲突时，文化突然变得可见了。

下面是一个文化冲突的例子，就发生在我的面前，我当时是去伦敦，在火车上写着本章的书稿。火车上大多数都是英国人，除了吉姆，那个坐在我对面的乘客。吉姆来自美国，他不知道英国人在火车上如何与陌生人打交道。我们倾向于守口如瓶，只有当我们觉得必须为某些事情道歉时才会活跃一点，比如踩别人脚了。（我们经常会道歉，即便是别人做错了！）我兴致勃勃地看着吉姆（Jim）自我介绍，并试图与坐在对面座位的陌生人攀谈。我身边大多数英国人都有种很不舒服的感觉，甚至还有种奇怪的眼神。我主动加入了与吉姆的谈话，打破了这种尴尬的气氛。我们就英国人和美国人之间的差异进行了非常有趣的讨论。我想知道你是否曾注意到过类似这样的文化冲突？

文化冲突也会在人际关系中造成巨大的问题，当人们的意图完全被误解的时候，他们会被看成粗心大意和漠不关心他人。就像我刚刚举的例子，人们看到彼此差异时的反应！这可能对虚拟团队领导者和团队成员造成巨大的破坏。因为当我们与来自不同文化的人面对面交流时，我们会不断地想起我们文化的不同，我们可以看到他们的肢体语言、手势和其他视觉暗示。当我们看到不同时，我们很容易理解和适应。

然而，在虚拟团队会议中，我们很容易忘记我们身处不同的文化，我们倾向于从我们自身文化角度去看待他人。这是灾难的导火索！问题是由于我们的文化差异而产生的，作为虚拟团队领导者，你没有办法走到人们面前，看看是怎么回事。相反，你必须仔细聆听，搞清楚文化差异是什么时候阻碍了合作。当这种情况发生时，你需要迅速进行干预。

在我对本书所做的虚拟工作调查问卷中，超过一半的受访者选择了文化差异，认为文化差异是虚拟团队工作中面临的最主要的挑战，比例高达56%，略高于跨时区工作，远高于跨语言工作。

不同类型文化所起的作用

我们每个人都属于不同的文化，任何一种文化都可能影响我们的工作关系。

第一，让我们关注民族文化。你来自哪儿？你现在住在哪儿？你定义的乡村文化是什么？我是英国人，虽然我出生在马来西亚，小时候曾在南非住过一段时间，还在新西兰生活过。如果你也搬来搬去，或者你的父母来自不同的国家，你也可能有好几个国家的文化融合。

第二，你的职业是什么？在什么部门工作？受过不同训练的人可能有非常不同的职业取向。以艺术家和工程师为例，对于细节的要求或时间的重要性，他们可能有非常不同的想法。我经常注意到许多公司的精算师和销售人员之间的差异，而不是来自不同国家人士之间的差异。也许你也有这样的经历。根据我的经验，了解人们的专业和/或职能背景及他们的民族文化是非常有帮助的。

第三，如果你在大型组织内任职，你可能会发现，态度是以某种方式表达的，展示了你的企业文化。当我与不同国家的组织合作时，我注意到不同公司之间的情况是非常不同的。某些做事的方式，在一个地方被认为是正常的，在其他地方被认为是不寻常的。某些组织是非常正式和层级森严的，这影响到信息的自由与共享。某些组织重视并鼓励团队精神，而另一些组织则倾向于重视个人贡献者，这会对人们作为一个团队的工作方式产生深远的影响。某些组织是正式的，另一些则是非正式的。我曾与一家公司合作过，它有"五项原则"，指导着人们如何合作。10年后，我仍然记得这些原则！它们是该公司企业文化的组成部分：人们是如何做事的。

一点点理论

每个民族的文化往往有共同的、具体的解决问题的方法。

- 如何处理与他人的关系。

- 如何看待时间。

- 如何处理与环境的关系。

针对民族文化差异的维度，有一些有用的理论。

特洛伊皮纳尔（Trompenaars，1993）谈到了人们如何与不同民族文化的其他人建立关系的以下5个方面。

规则与关系

在一种文化中，规则和关系哪一个更重要？特洛伊皮纳尔分享了一个突显规则和关系之间的冲突的故事。设想一个场景：你的密友开着他的车，你是他的乘客。他正以每小时30迈的速度行驶，但不幸撞上了一个行人，超过了每小时20迈的限速。当时没有其他目击者，律师说，对于你的朋友而言，要想避免严重后果的唯一方法是，你要宣誓作证，证明他以每小时20迈的速度在行驶。我记得特洛伊皮纳尔在阿姆斯特丹的一个培训班上讲过这个故事，我和同事们来自世界各地。然后，我们必须选择：

- 我的朋友有权提出要求，我要为他作证，证明当时车速较低，因为我是他的朋友。

- 我的朋友有一些权力，可以要求我为他作证，证明我的车速较低，因为我是他的朋友。

- 我的朋友没有权力，他不能要求我为他作证，即使我是他的朋友。

以上3种，你会选择哪一个？现在你要做出一个决定，你是否会证明你的朋友是以每小时20迈的速度开车，这样他就会免于严重的惩罚。你会吗？还是你会说出真相，最后让他听任法官的处理？

超过90%来自瑞士或北美的成员选择，他们会说真话，不帮助他们的朋友。另外，超过65%来自中国或威尼斯的成员选择，他们会帮助他们的朋友，证明他的驾驶速度比实际慢。几年前，当我在训练课上被问到这些问题时，我记得当时我认为我的答案肯定是正确的，听到别人有不同的看法，我当时感到非常惊讶！午饭后，我们就这件事进行了一次有趣的讨论。

对于大多数人来说，这不是一个容易解决的难题——这是一个两难的问题——我们如何解决困境取决于我们的民族文化。在这里，在规则、秩序、权威和关系之间，两者都是重要的。

群体与个体

另一个文化层面涵盖了个人主义和集体主义间的冲突。过分关注个人自由和责任会倾向于以自我为中心，而过于关注群体利益则会导致顺从和决策缓慢。土著居民往往以群体为中心。新西兰毛利人就是个例子。如果你问毛利人的后裔是谁，他们很有可能回答是他们的大家庭和部落，而不是作为某个人。另外，美国梦的概念，即个人可以凭借能力或成就获得成功的机会，显示了以个人为中心的个体文化。

情感与理性

民族文化差异还体现在人与人之间的关系是感性导向还是理性导向。在感性占主导的地区，人们会以大笑、微笑或扮鬼脸的方式表达感情。在理性占主导的地区，人们谨慎地控制情绪。当被问及是否会向其他人表明在工作中的不满时，大多数意大利人回答说他们会这样做，而超过80%的日本人则回答说不会（特洛伊皮纳尔，1993）。

人际关系的适用时间

文化差异还体现在，人们如何与他人交往，以及如何对待人际关系。让我们把注意力集中在工作关系上。在低语境的文化中，人们在工作中扮演的角色不会影响到工作之外的关系。但在高语境的文化中，即使在工作之外，人们也需要听从老板的要求。例如，如果你的老板要求你下班后到他家帮忙粉刷墙壁，而你有其他的事情，你会如何反应？在低语境的文化中，会认为老板在工作之外没有权力。但在高语境的文化中，会认为你应该去帮助老板粉刷房子，即使你不想这样做，可他仍然是你的老板。

地位从何而来

在一些文化中，人们的地位是基于个人所取得的成就；而在另一些文化中，人们的地位则是基于他们是谁：他们的等级、阶级、年龄、性别、教育甚至家庭背景等因素来决定他们的地位。

文化的概念往往与时间概念相关，某些民族文化认为时间是连续的，是由系列事件组成的。在单一的文化中，人们往往非常专注于每次只做一件事。开会迟到会被认为是不礼貌的。我经常去瑞士，那里的人们会担心火车晚点，哪怕只晚了一分钟，这就是单一文化的体现。另外，来自某些文化的人们认为，对未来的畅想和对过去的回忆，对塑造现在非常重要。多元时间观社会在对待时间的态度上要灵活得多，人们很可能同时做几件事，将会议时间看作近似时间，并接受中断。当我访问中东时，就注意到了这点。那里的人们会认为保持关系和社交比而不是按照约定的时间准时从茶歇中返回来参加会议更重要！最后一个文化的维度，涉及人与自然环境的关系。有一些文化试图控制自然，而另一些文化则认为我们是自然的一部分，应该顺应自然。

我们如何与来自不同文化的虚拟团队成员合作

在你的虚拟团队中，人们来自不同文化并在不同的文化维度中一起工作，可能会以一种完全不同的方式来处理所面临的困境。这种多样性不应成为团队领导者的一种负担，它反倒可以是一个很好的礼物，帮助你和你的团队可以从不同的角度来看待一个问题，并尝试多种方法来解决问题。

与本书中许多问题一样，自我意识是起点。了解你自己的文化，以及你在哪些方面会表现出文化的差异。了解别人如何看待你，以及他们如何看待你的民族文化。这将帮助你预判哪里可能发生冲突，不管是否无意而为。

下一步是了解他人的文化。探索并了解虚拟团队成员的文化。保持好奇心，要有开放的心态。理论是有帮助的，但倾听每个人阐述他们对事物的看法会更有帮助。记住，每个人都是独立的个体，无论他们的文化遗产是什么，都会有不同的地方。尽量提开放性的问题，比如："你对此有何看法？""你从我们的讨论中了解到了什么？"开放性的问题比封闭性的问题（如"你同意吗？""你明白吗？"）更加有用。在工作之外，看一看来自团队成员国家文化方面的一些电影（可以请他们为你推荐几部），阅读他们国家的小说也是很有启发性的。

在你与之打交道的每个地方，都可以找一位顾问或朋友，让这些你信任的人给你一些建议，让你更顺利地与当地人打交道，符合当地人的文化。这将帮助你发展你的技能，更有成效地与你的团队进行合作。

虚拟工作中出现的一些具体问题

工作时间

你的远程同事想怎样工作？他们会乐意加班吗？他们是周末把工作带回家，还是坚持标准的工作时间？他们会随时玩消失去喝咖啡，还是有规律，只会在某个固定的时间去喝咖啡？

我发现一个特别有意思的问题，就是不同文化的人们对待是否守时的态度。对于虚拟工作来说，保持会议的简短和有效很有意义，因此，及时开始是关键，对于那些不得不等待别人迟到的人来说，是一件非常令人沮丧的事情。不幸的是，仅仅告诉人们要准时参加会议并不能让所有人都做到！我发现，鼓励人们准时出席会议最有效、最实际的策略是，预留出一点时间，会议可以晚5分钟开始。在这段时间里，我们不启动会议议程，而是进行一些社交聊天，让那些远程的同事有机会听一听他们经常错过的新闻和小道消息。我发现，对于那些不能准时参会的人，他们会付出努力，期望赶过来早一点参加会议，有机会非正式地与其他人建立一点联系。对于那些喜欢在会议开始时再加入会议的人来说，他们知道他们可以在官方会议正式开始后5分钟加入，而不会错过任何计划议程。

社交聊天

这对于建立虚拟团队成员之间的关系非常有用；然而，有一些文化则认为这是一件让人懊恼的事情，并希望立即"开始工作"。这与我们对待时间的观念有关。我发现，确保每位团队成员都彼此了解各自的差异是很有帮助的，意识到作为一个团队，大家既需要一起工作，也需要发展关系，这样团队才能表现得更好。

幽默感

注意在虚拟团队中所使用的幽默、明抑暗扬的低调陈述和讽刺，因为不同的文化可能会有不同的接受度。有些文化在职业环境中不接受幽默。我自己的英国文化倾向于以其他人难以理解的方式，广泛地使用明抑暗扬的低调陈述和讽刺的语言。在虚拟团队中，只有一个民族能理解的"笑话"是具有破坏性作用的，因为其他人会感到被排斥。

重视面子问题

"面子"问题总是会时不时地跳出来干扰我们。我的许多客户都是远程与他们的外包同事或海外同事一起工作。丹尼尔就是其中之一，他来自美国，但在瑞士苏黎世工作，带领一支海外软件开发团队。有一天在吃午餐的时候，丹尼尔开始抱怨起对项目团队的不满："当我问开发人员，是否能在周三之前完成这部分工作，他们都说可以，可现在都周五了，还没任何证据表明这项工作已经开始，他们快把我逼疯了！"这样的抱怨听起来是不是很熟悉？我问丹尼尔，他的同事是否在中东、印度、中国或东南亚这些地方。他告诉我团队成员来自印度。

丹尼尔所面对的问题无意中揭露了一个巨大的文化差异。在印度和许多其他国家，有一个非常强烈的概念——保全面子。这是一种根深蒂固的文化特征，是跟随人们一生都在成长的产物。所谓面子，它指的是关于避免羞辱或尴尬，维护尊严和维护名誉等。在强调群体的社会中，必须保护其他人不会丧失面子。在一个层级分明的社会中，年青的雇员会特别努力防止不要让老板丢失面子。在这个问题上，丹尼尔还需要注意一个关于时间观念的问题，人们可能不愿意马上报告项目延误的情况。

让我们分析一下丹尼尔的案例，到底他问了什么，发生了什么，他可以采取一些什么不同的做法让工作变得更有效，并"保留大家的面子"。丹尼尔在虚拟团队会议上询问团队："你们能在周三之前完成工作吗？"为了给自己保留面子，只有一个最佳答案："是的。"回答"不行"则意味着他们不够优秀，这也会对丹尼尔产生不好的影响，即便"不行"是正确答案。丹尼尔的问题是询问了大家一个封闭性问题，唯一的答案是"是"或"不是"。

那么，丹尼尔怎么做才能做得更好呢？理想情况下，他应该先了解团队成员，并了解他们的文化观点。他应该使用公开的问题，比如："我们需要完成哪些步骤来交付这个软件？""完成这些步骤需要多长时间？"最好是与负责工作的人一对一讨论，这样更容易讨论工作所面临的挑战及如何克服这些挑战。丹尼尔应该向团队解释接下来要做什么，为什么这些期限对他们的项目工作的完成和时间安排那么重要，以及他将如何与团队一起努力工作。这将有助于消除时间上的文化差异。丹尼尔也可以要求定期更新工作进展情况，确保团队已经完成哪些具体的工作。

最终，任何跨文化对话中决定该说什么的是对话双方。因此，建立对自己文化和其他文化的理解，并利用你的好奇心来帮助你提高认知，以弥合文化间的差异。

代际问题

为什么虚拟团队领导要重视代际问题

在我对虚拟团队工作的调查中，代际问题并未被大多数人重视。只有10%的被采访者提到了这一点。然而，正如文化差异如此不同，人们受到自身文化极大的影响，因此，不同年代的人的经历也是如此。他们的生活被他们的经历所塑造，这将决定他们如何与你和团队合作。举个简单的例子，"婴儿潮一代"会第一次就尽量把事情做好。他们很可能是因为在成长时使用打字机，而打字机没有撤销功能，所以打字必须第一次就打正确。但"千禧一代"则不然，"千禧一代"有一个撤销按钮，所以倾向于键入后离开，然后回去，再纠正错误。试着给"婴儿潮一代"和"千禧一代"写一篇含有错误的文章，看看他们的反应会有多么不同！

2013年，格雷姆·科德林顿（Graeme Codrington）在我主持的虚拟团队工作峰会上发表讲话，他说："我认为今天几代人之间很难沟通和共情，因为我们有着如此不同的价值观和不同的期望——什么是常态，什么是对的，什么是好的，什么是奇怪的，什么是糟糕的，什么是错误的。在虚拟世界中，人们与比自己年轻和年长的人交流时，会遇到一些挫折，比如，如何让自己更好地被理解或试图与人建立联系时，而且这些挫折往往会被放大，因为在虚拟世界中，我们失去了很多现实世界中可以看到的信号，你看不到对方的肢体语言，你失去了很多视觉参考。因此，在虚拟世界中所面临的困难比现实世界中变得更具挑战。"（科德林顿和普兰，2013）。这就是为什么代际问题很重要，虚拟团队领导者要重视代际问题。

工作场所的不同年龄层

我们可以使用科德林顿和格兰特-马歇尔（Grant-Marshall）（2011）所定义的类别，快速查看工作场所中的和即将加入职场的那些人，他们的代际特征如下。

（1）沉默的一代：生于20世纪20年代到40年代，这代人应该都已经退休了。对他们来说，20世纪30年代的全球经济大萧条和第二次世界大战是关键事件，他们面对的是经济不稳定、社会动荡、一无所有和节衣缩食。他们对工作的态度是：努力工作是他们的责任。当他们进入职场时，他们经常使用的唯一的技术工具应该是一部电话，也许还有一台打字机。

（2）婴儿潮一代：生于20世纪40年代到60年代，今天，他们多身处高位或即将退休。他们成长过程中的关键事件包括第一个登上太空和月球的人、越南战争、避孕药的发明、披头士和嬉皮士。他们的工作主题是增长和发展，而且对未来充满信心与梦想。他们觉得自己很重要，工作是为了实现自我，而不是一种责任。当他们进入职场的时候，办公大楼里可能只有一台电脑，但固定电话到处都是。当然，面对面工作是他们喜欢的风格。找工作很容易，经济快速增长是正常的。

（3）失落的一代：生于20世纪60年代到80年代，今天，这代人在公司中担任关键领导职务。这是我所在的年龄段，我清楚地记得这些大事件，第一台微型计算机、艾滋病、冷战的结束和柏林墙倒塌。

这代人面对的是不确定性、不稳定性和变革。生活方式很重要，工作是为了赚钱。在我们进入职场时，找工作已经不那么容易了。工作场所中与以前相比，有了更多的电脑，除了电话，我们更习惯使用电子邮件。

（4）Y一代或千禧一代：生于20世纪80年代到2000年（大约），这代人是真正的数字原住民，他们对电脑了如指掌。在成长过程中，他们经历了万维网、谷歌搜索、"9·11"事件、社交媒体、伊拉克战争和阿富汗战争，以及国际恐怖主义。这代人在儿童时期得到了妥善的保护，他们面对的是对未来美好的承诺，虽然现实并不总是那样。工作是帮助他们改变世界，当他们进入职场时，合适的工作往往很难找到，电脑到处都是。他们不再为固定电话所累，更倾向于在生活和工作中使用移动电话。他们真的是数字原住民，通常非常乐意使用技术来支持虚拟团队工作。他们重视灵活性、网络及学习和成长。他们重视分享、合作和尊重人才，而不是等级制度。即使在印度这个传统上等级森严的国家，Infosys等公司都在调整组织结构，以吸引千禧一代的人才加入［门敦卡（Mendonca），2015］。

（5）Z一代：生于2000年后，与前几代人相比，这些孩子与他人面对面的交流往往要少得多。放学后他们喜欢与同学通过虚拟方式沟通，而不是走出去进行面对面的交流。他们很轻易就能使用技术，这源于从小的广泛体验，他们无疑期望在工作中也能这样做。他们不喜欢电子邮件，通常喜欢用手机发送短信。

与夏洛特（Charlotte）（13岁）、茱莉亚（Julia）（13岁）和阿曼达（Amanda）（14岁）一起展望未来

由于目前Z一代还没有进入劳动力市场，但几年后他们就会进入劳动力市场，我认为采访其中一些人会很有帮助。他们没有与我面对面地见面，而是邀请我加入他们的在线对话，使用脸书信使。下面是我们的谈话。请注意，原来的拼写未被修改，以突出X一代和Z一代之间的另一个区别。

彭妮：大家好。我正在写一本关于虚拟团队工作的书（当你与同伴不在同一个地方时如何工作）。在书中有一章，我谈到了不同代际的人们是如何对待虚拟团队工作的。青少年的情况不多，所以我想先咨询一下你们几位同龄人代表。首先要感谢你们的加入，成为这个小组成员，如果你们愿意的话，我很乐意在书中列出你们的名字和年龄，还有我们的对话。

夏洛特：妈，你听说过"不太长的短信"规则吗？

彭妮：没有，夏洛特，我没听过！第一个问题，你觉得和其他人一起工作（比如这个小组）是什么感觉？

茱莉亚：我觉得如果知道是和谁一起工作的话，就没问题了。

彭妮：茱莉亚，你是说你已经面对面见过他们吗？

茱莉亚：是啊。就像在这个小组里，我每天（在学校的时候）看到的是我学校里的朋友，我也见过你，因为你是夏洛特的妈妈。

阿曼达：我觉得这没关系。

彭妮：第二个问题，我们这代人常常会觉得一对一打电话更舒适，你们对打电话有什么想法？

茱莉亚：如果你不擅长写作，那打电话挺好，而且从技术上来说更便捷。

阿曼达：人们确实使用手机作为沟通的工具，但大多数人更喜欢发短信。

彭妮：第三个问题，你对电子邮件有什么看法？你常使用电子邮件吗？

茱莉亚：我认为电子邮件很好，你可以用邮件正式联系人们，比如给老师发电子邮件。但我不经常用它。

那么，我从与Z一代成员的虚拟对话中学到了什么呢？保持短信简短很重要！我已经注意到，我对正确的语法、标点符号和拼写比青少年们在写信息时要挑剔。虽然他们很乐意进行虚拟的交流，但最好是事先见过面。虽然他们偶尔会使用电子邮件和手机，但他们对即时信息会觉得舒服得多。他们通常不使用脸书，但他们很好地使用了这个平台，我可以在这个平台上与他们交流。

如何跨代际工作

我前面简单介绍了每代人在工作中的不同成长背景，用来理解不同时代的人们不同的世界观和期望。当然个别人会有所变化，所以考虑一下，作为虚拟团队领导者，团队成员需要你做什么，以及如何创建虚拟工作环境来满足他们的需求。当然，假设其他人的想法和你的想法是一致的，这很容易，但你知道这不是真实的，不是吗？问问团队成员，什么能让虚拟团队一起更好地工作，看看你是否能找到与虚拟团队成员最佳的合作方式。

当然，这并不仅仅适用于你的团队。你的领导风格会受到你成长的经历和环境影响。所以，要意识到你的领导风格与他人的不同之处，以及你能做出哪些改变。

生命中的一天：莫瓦（Mauva）的故事

莫瓦是英国某家私营公司公用事业部的临时经理。随着政府努力开拓竞争市场，整个行业陷入大变革。莫瓦作为一名敏捷业务分析师，在项目中发挥着重要的作用，帮助更新现有IT系统和实施交付工作，以满足不断变化的需求。

上午8：00，莫瓦上班很早，不然高速公路会很堵，这种情况时有发生。上午8：15开始，她与开发团队进行了会晤和通话，其中一半参会人员来自印度。为了确保事情进展顺利，他们每天都会开例会，团队中的每位成员都会参加。莫瓦发现，印度的IT同事对英国IT行业和正在发生的重大变化知之甚少，因此她需要为他们解释业务背景，并将业务需求传递给他们，以便他们开发软件。她将视频和音频会议、电子邮件和文件共享协作工具结合在一起。

中午12：00，莫瓦的午餐时间，因为印度办公室已经下班了。她会用1个小时时间吃午餐，这有助于她在下午全身心投入工作中。

下午1：00，专注编写文件，与当地同事进行面对面的会议和专题研讨会。

下午4：30，莫瓦又回到高速公路上了，她希望能在高速公路堵车之前赶回家！当然，她会带着电脑和所有虚拟会议设备回家，如果有什么重要的事情需要处理，她可以晚上在家里工作。莫瓦还与她在加勒比的合作伙伴合作，提供敏捷的业务分析专业知识，所以晚上是一个很好的时间，可以用来处理这方面的工作，当然是虚拟团队会议！

莫瓦的建议和技巧：

- 和印度同事一起工作很不同。我们很幸运，有一半的开发团队与我们在一起，另一半在印度，如果有需要的话，当地开发团队可以与印度团队直接沟通并澄清疑问。

- 根据我多年在印度与海外开发商合作的经验，我发现，如果开发者写下他们的问题，将对我很有帮助。我可以在电话中回答这些问题，并要求他们以书面形式输出他们对答案的理解。这样，如果有任何误解，我能立即发现。虽然我们都说英语，但语言上确实有障碍！

- 对我来说非常有效的另一个方法是，我与开发团队人员一起检查关键需求文档，逐行浏览共享的文档，这样大家可以在我浏览的过程中看到文档。我可以在有问题出现时，及时处理这些问题。

- 当今的职场上，虚拟团队工作非常普遍，特别是我所从事的行业。过去4年中的每份合同，都规定的是虚拟团队工作模式。

总结

理查德·普利（Richard Pooley）询问多位非常成功的经验丰富的跨国公司的管理者："要成为一名成功的跨国公司领导者，需要什么样的素质与能力？"绝大多数管理者回答说是好奇心。理查德说："你真的需要知道其他人的工作方式及真实想法。要做到这一点，你就需要问很多问题，然后你需要做一个非常好的倾听者。聆听，观察并控制住你的嘴巴！"（普利和普兰, 2012）。我认为这同样适用于那些在复杂的跨时区、跨语言、跨文化和跨代际组合团队旋涡中砥砺前行的人们。

问题反思

作为虚拟团队领导者，哪些虚拟团队工作的要素，会影响到你和你的团队成员？

时区

（1）你如何处理团队跨时区工作？你是否需要在同一时间段，让所有人都同时参与工作，还是可以分成几个不同工作时间段的小组？

你打算怎么做？

（2）你将如何制作清晰的日历，并分享给团队成员，让每个人都知道什么时候发生了什么？

（3）你如何最大限度地利用异步工作来减少对实时会议的需求？

语言

（1）你在语言方面遇到了哪些问题？

（2）你怎么做才能让母语人士和非母语人士都更加投入地参与虚拟团队会议？通用海外英语能为你所用吗？

（3）你能做一些什么，通过以身作则的方式，培养出你期望看到的团队行为？

文化

（1）虚拟团队中存在哪些不同的文化？由此产生的问题是什么？

（2）你在特洛伊皮纳尔所说的5个文化维度方面做得如何？你团队的其他成员呢？你将如何利用这些知识？

（3）你会采取一些什么行动来帮助你的团队，即使在多元文化下也能有效地工作？

代际

（1）你的团队成员年龄结构是怎样的？由此产生的问题是什么？

（2）对于不同年龄段人士的描述中，你有什么特别的感悟？这与你在虚拟团队工作中注意到的情况有什么不同？

综述

你如何保持好奇心，让自己有自知之明和对他人感兴趣？对你来说，多听少说容易吗？哪些方面对你有帮助？

｜ 参考资料与延伸阅读

[1] Carté, P and Fox, C（2008） *Bridging the Culture Gap:A practical guide to international business communication,* 2nd edn, Kogan Page, London.

[2] Coats, K and Codrington, G（2015） *Leading in a Changing World:Lessons for future focused leaders*, TomorrowToday Global, Johannesburg.

[3] Codrington, G and Grant-Marshall, S（2011） *Mind the Gap:Own your past, know your generation, choose your future*, 2nd edn, Penguin, Johannesburg.

[4] Codrington, G and Pullan, P（2013） Managing across the Generations in a Virtual World, interview recorded as part of the Virtual Working Summit 2013 （www.virtualworkingsummit.com）, Loughborough.

[5] Livermore, D（2015） *Leading with Cultural Intelligence:The real secret to success*, 2nd edition, Amacon.

[6] Mendonca, R（2015）[accessed 27 January 2016] Infosys May Opt For Matrix Organization Structure To Woo Millennials [Online] http:// economictimes. indiatimes.com/tech/ites/infosys-may-opt-for-matrix-organization-structure- to-woo-millenials/articleshow/49574587.cms.

[7] Pooley, R and Pullan, P（2012）How to be a Successful Communicator When Working Virtually Across Borders, interview recorded as part of the Virtual Working Summit 2012 （www.virtualworkingsummit.com）, Loughborough.

[8] Settle Murphy, N（2013）*Leading Effective Virtual Teams: Overcoming time and distance to achieve exceptional results*, CRC Press, Boca Raton.

[9] Trompenaars, F（1993）*Riding the Waves of Culture: Understanding cultural diversity in business*, Nicholas Brealey, London.

[10] Trompenaars, F（2003）*Did the Pedestrian Die?* Capstone Publishing, Oxford.

第8章

跨越潜在的陷阱

本章讨论了人们在虚拟工作中经常会面临的一些实际问题。作为读者,你可以做好准备,避免掉进这些陷阱。本章内容全部来自世界各地的虚拟团队领导者所面临的真实情况。

我们把这些问题分为以下4类。

- 虚拟团队领导者和成员面临的问题。

- 举行虚拟团队会议时面临的问题。

- 虚拟团队会议之外的问题。

- 试图创建高效虚拟工作文化时出现的问题。

很多细节内容在其他章节都已经有所表述,本章旨在提供快速、实用的建议,你可以把本章看成速查手册。我建议你快速浏览下列问题,找到你最想知道的内容。

通过阅读本章,你将:

- 了解虚拟团队领导者面临的一系列实际问题。

- 识别处理每个问题的方法。

本章思维导图如图8-1所示。

图8-1 本章思维导图

虚拟团队领导者和团队成员面临的问题

工作到很晚

还记得第1章里的珍妮特吗？她领导着一个美国的虚拟团队做着一个在英国的项目，她彻底崩溃了。作为一位认真负责的项目经理，珍妮特发现，晚上在家一对一打电话，或参加团队电话会议是最容易的，但也越来越让她感到精疲力竭，甚至对自己生活和工作的平衡都产生了负面影响。在这种情况下，她常得应该做一些改变了。珍妮特几乎完全是通过与团队的实时虚拟团队会议来工作的。我建议她使用虚拟技术，来帮助她与团队异步工作，只在讨论最重要的问题和建立与大家的人际关系时才开实时的虚拟团队会议。

"开完虚拟团队会议后，我感觉疲惫不堪"

做笔记、写下行动计划、会议计时并且还要主持会议，不少虚拟团队领导者发现，他们的会议令自己疲惫不堪。可是，为什么他们要选择承担所有的工作呢？安排其他人分担部分工作，是保持他人投入

的一个很好的方式 ——毕竟，如果你负责会议计时，你就不能打瞌睡！

我通常会分配一个计时员和一个记录员，他们最好能够在共享屏幕上共享实时信息，或者在虚拟团队会议期间通过聊天工具分享信息。

"虚拟团队会议占据了我一天中的大部分时间"

许多虚拟团队领导者和成员，每周花费在虚拟团队会议上的时间超过20小时。他们什么时候有时间专注于工作本身？

让会议变得冗长太容易了，在安排虚拟团队会议之前，先扪心自问下面的这些问题。

- 会议的目的是什么？

- 会议是实现这个目的的最佳途径吗？

- 我们将从这次会议中取得什么成果？

- 我们该如何分配会议时间？

- 人们都将扮演什么角色？

- 我们如何能有效地合作？

- 最后的结果将会怎样？（你可以在图5-2中看到视觉提示）

当你被要求参加一个虚拟团队会议时，你也可以使用这些问题来审视一下自己是否有必要参加。也许你可以加入其中某个环节，而不是整个会议。

"我整日坐在屏幕前，这样已经很久了"

作为一名虚拟团队工作者，经常需要整日伏案工作。因为没有必要移动，你可以坐在办公桌旁，参加各种会议和联络团队成员。为了保持身体健康，请把运动也加入每天的日程吧。午餐后去散散步，定期离开办公桌，站起来走一走。你可能需要一张可供你站立办公的桌子。用计步器记录你行走的步数，目标是每天一万步。我的一位读者伊恩（Ian）说："忘记运动太容易了！"因此他建议，使用一个监控器监控自己的状态，如果坐的时间太长，监控器就会发出警告。

恼人的疼痛

安德鲁（Andrew）通常会花上很长时间打电话，因为他领导着一个成员遍布多个国家的项目团队。之前成天将电话听筒夹在他的头和肩膀之间，以至于他白天经常头痛。现在他戴上无线耳机开会了，他的头痛也随之消失。他的手也自由了，这更方便他做笔记、打开文件或扔垃圾。

虚拟团队工作者很容易将注意力集中在工作上，而不是他们自己的需求上。确保你使用的设备不会引起自己的身体健康问题。许多公司会提供符合人体工程学设备给员工；有些国家对此甚至有法律要求。

"我想在虚拟团队领导力方面做得更好，但没有多少空闲时间"

你手里捧着一本书，里面满是想法和能帮助到你的实用策略。每天读几页，在工作中尝试一下书里的想法。

你可以变得越来越好，同时继续你的虚拟团队工作。每次虚拟团队会议结束后，和你的同事们花5~10分钟的时间回顾一下，反思一下"项目进展如何？"下一次我们能做些什么不同的事情，使它变得更好？（有些人使用"出了什么问题"，但这可能会导致很多抱怨和消极负面情绪。我更倾向于用积极建议的方式。）然后，利用这些经验教训，继续做对的事情，并在下次虚拟团队会议之前改变那些有问题的地方。"不积硅步，无以至千里"，每天或每周的小进步很快就会积少成多！

当然，你可以访问"引言"部分提到的这本书的资料库网站，下载可用资源并加入相关讨论！

实时会议面临的问题

在第5章中我提供了关于虚拟团队会议的详细建议。在本节中，你将找到一些小技巧，帮助你在进行实时会议时避开一些常见的陷阱。

"人们总是迟到"

为什么人们不能准时参加虚拟团队会议呢？对一些人来说，这与会议本身组织有关（或缺乏会议组织），而对另一些人来说，这是一种文化。有时是技术原因导致的卡顿，或前面的会议拖延了。如何解决这些问题取决于背后的原因。

作为一名虚拟的领导者，应该鼓励那些不知道如何使用会议技术的新人，在第一次真正参会之前先进行一些训练和练习。由于系统的启动和运行可能需要几分钟的时间，所以，请确保人们在会议开始前几分钟会收到关于会议的提醒，以及他们加入会议所需的任何电话号码、代码和链接。

很多时候，人们会一小时接着一小时地开会。这样就没有了会议休息时间，没有茶歇，即使上一个会议仅仅超时了几分钟。试着延后5分钟再开始你的会议，并计划每开1小时会议，大家休息5分钟。

在某些文化中，开会迟到是可以接受的。（见第7章中的多元时间观社会）如果这给你带来麻烦，那用什么能鼓励人们准时加入呢？有一招我自己屡试不爽，在会议开始的前5分钟先闲聊一下，包括一些无伤大雅的办公室八卦，因为远程工作人员通常不知道这些信息。

"会议泛滥"

虚拟团队会议的时间往往比预期的要长。我发现开始策划和启动会议最有效的方法是问自己问题（见图5-2的视觉引导）。从明确会议的目的和希望实现的目标开始。考虑会议预计的时长能否实现你的会议目标？基于过往会议的经验教训，仔细计划你的时间。如果你需要的话，请做好B计划，甚至更多的后备方案，这样你就能更加灵活，有备无患。

与所有参会人共同完成每个步骤，以获得他们的共识，并确保每个人都清楚发生的事情，这使得你的会议不太可能超时。

万一有意外发生，无法按计划完成会议内容，要让人们知道出了什么问题，并取得大家的共识，改变原计划。这可能意味某些会议内容需要择期延后，或是让团队在会议结束后通过异步进行工作。

"你能重复一下最后一个问题吗？我没听清楚"

当比尔（Bill）在虚拟团队会议上直接向某人提问时，往往会出现停顿。然后得到的答复通常是："不好意思，你能重复一下问题吗？"

几乎所有与我共事过的虚拟团队领导者都有这样一个共识，事情过去了一会儿以后，再要求重复一下问题，表明那个参会人：没预料到自己会被提问；会上没有认真倾听。

第一点比较容易解决。你的每次会议安排都得到了参会人的共识。确保人们知道你会在会议中直接向参会人提问。我有计划好要抽查的参会人——按照参会人员名单，点名询问参会人有没有什么想补充的。如果人们知道会上可能会被点名提问，他们更有可能准备好回答问题。

第二点稍微复杂一些，他们为什么听不到你的问题？你知道原因吗?也许他们根本没有投入此次会议中，我将在下面讨论这个问题。

"人们没有投入我的虚拟团队会议中"

虚拟团队工作的最大挑战就是让远程工作人员投入虚拟团队会议中来。有太多其他的事情可以很容易地把人们的注意力从你这里带走，特别是虚拟团队会议。他们是在回复电子邮件，还是在社交媒体上发送信息？或者在玩游戏？抑或像第1章里的佐伊，处于半昏睡状态？

与参会人进行互动会帮助他们集中注意力，也可以用故事吸引参会人，或将可视化元素添加进虚拟团队会议中，并用共享屏幕来发送会议实时信息。通过使用包括每位成员头像的团队照片或者视频，帮助人们与会议中的其他人彼此关联。在你的会议中，需要有目的地设计一些互动环节，而不是独自演讲。（在第5章中有吸引人们投入的方法。）

"谁要采取那个行动？"

凯特（Kate）是一位高管，她主持了一场由来自世界各地公司领导人共同参加的大型电话会议。一切都很顺利，除了一个问题，她不能从声音分辨出是谁在发言。所以，凯特不知道是谁自愿采取一项行动，又是谁反对这个决定。

这可不是有效的工作方式！一个不知名的声音同意采取一项行动，但仅凭声音我们又无法判断和跟进这个行动人。不幸的是，这种情况每天都会在电话会议中发生。

这里有个简单的解决方案，但是需要一些实践，人们才能适应。最好的方式是每次发言前先介绍一下自己，这样后面发言的人就会跟随。在电话开始时，请大家发言的时候先报下自己的名字。这是一个例子："我是彭妮，我将采取……的行动。"在最初的几分钟，可能会有人对这个规则有些不适应，但这种感觉会很快消失，因为大家能清晰地知道"谁"同意了"什么"。这是一个很好的习惯，可以在你所有的虚拟发言环节中使用，因为这使新成员参会时变得更加容易，即使所有其他参会人都能识别每个人的声音，但这样做的好处是能更确切地知道是谁在说话。

沉默

通常当领导者询问大家有何补充的时候，大家会集体沉默。时间仿佛静止了，为什么会这样？大家在思考什么吗？他们是准备分享什么观点吗，还是睡着了？他们在忙着回邮件吗？除非你能看见会议现场视频，否则你真的毫无头绪。

我建议不要以一般的方式征求意见，而是按圆桌会议式进行。逐个询问每位参会人员，如果他们没什么意见，可以说："我没意见，过。"

突然中断

会议进行中，常会被巨大的噪声打断：车站公告、机场公告或是狗叫声，当然，这些都没有冲马桶的声音更让人闹心。你有遇到过这类情形吗？会议一直进行得很好，突然之间没法说话了，因为有人操着浓重的鼻音在宣布从帕丁顿（Paddington）出发的列车将于上午9：10启动，或者是同事的狗在狂吠。

对此你能做什么？再说一遍，这完全取决于你如何主持这次会议。最有用的规则是，大家都同意不发表意见的时候把电话静音，要发言时再取消静音。这样做，在切换发言人的时候，确实会有一个轻微的间隙，但这让音频质量更好。如果你的电话录音日后会被其他人听，那音频质量还是越高越好。

"他们的性别是什么？我一点线索都没有"

还记得第1章中托马斯所处的困境吗？他说："我和来自印度的同事通过电子邮件工作了很长一段时间，但是我就是不能判断同事是男士还是女士。通过名字完全无法判断，当我听到他们的声音时也判断不出来，因为那声音既像男士又像女士。在之后的报告中，我称其他人都是'他'或者'她'，只有印度同事，我不得不把人称写成'他们'，这太尴尬了！"

在这样的情况下，最好是提前问询，这样团队在磨合期后会变得彼此了解，而不是让情况变得糟糕后再问。我可能会邀请对方开一个一对一的电话会议，并这样说："我很抱歉，但我还不太习惯印度名字，也不太习惯听你的口音，你愿意告诉我更多关于你自己的事情吗？"如果这样还是不奏效，我就会直接问："我很抱歉，但我不太能判断出你是男士还是女士，你能让我知道吗？"通常，把这样的事情说成是我的缺点似乎比忽视它要好很多，而且，团队成员通常都很乐意帮我纠正问题。

"他们为什么不能如实回答我呢？"

第1章我们听过丹尼尔说起在印度软件开发团队所遭遇的挫折。丹尼尔说："当我问他们，是否能在周三完成这些工作时，他们都说可以。可现在已经周五了，还没有任何证据表明这项工作已经开始。他们快把我逼疯了！"

这是一个"保全面子"的例子，丹尼尔需要找到既拿到自己所需结果又不让自己或他的远程同事丢脸的方法。我建议他可用开放式问题来让印度团队自己判断需要多长时间来完成此项工作，以及在工作中可能会涉及什么。而不仅仅是一个封闭的答案只能回答"是"的问题。（关于文化冲突，第7章有更多内容。）

"我需要休息一下。现在！"

我曾参加过一家国际制造业公司的虚拟项目风险管理评审。评审会使用的是共享屏幕电话会议，整个上午都在进行。屏幕上显示着一个庞大风险清单表格中的一部分。3小时后，我绝望地想休息一下，去上个卫生间，可会议却没有任何要停止的迹象。

这种情况在虚拟团队会议中频繁发生，领导者认为人们能够像机器一样运作。在面对面的会议上，人们会停下来稍事休息，但在虚拟团队会议的情况下，人们不能挥手示意他们需要休息。

再说一次，这取决于虚拟团队会议的设计和运作。作为一名领导者，在停止或合理休息之前，一定把你的虚拟团队会议保持在不超过1小时，或是最多不超过90分钟。毕竟，我们是人不是机器。稍事休息和调整后我们的状态会好得多。

"我想知道有谁在线？"

谁在你的电话会议中？有没有其他人的加入，也许是不请自来的？他们能听到机密信息吗？这是一个常见的问题。

在设计虚拟团队会议时，计划谁会参加，以及如何确保没有其他未被邀请的人加入很重要。启用某些安全措施——使用密码登录会议。使用技术使所有参会人的链接都可见。在会议开始时，请检查都有谁在线。保持会议的保密性是有用的，尤其是如果有来自不同组织的人加入。我们将在下面讨论这个主题。

考虑保密性

劳拉（Laura）和一个非常重要的客户参加了电话会议，却出了大错。她原本打算在搭公司专车去机场的路上来打这个电话。然而，由于削减成本，公司安排了3个人与她同搭乘当地的出租车去机场。环境发生了变化，这对在高度机密的电话中扮演一个关键角色的劳拉来说是个大麻烦，她所能做的就是在正确的时候说"是"或"不是"。她感到很挫败。

在这种情况下，我建议与客户开诚布公，并让他们清楚，为了保密，你只能在电话中回答封闭性问题。当然，你以后会通过更安全的方式跟进。另一种选择是，一旦存在明显保密性问题，就请求你的客户推迟通话。

看不见不等于心不在焉

迈克尔（Michael）离他团队的其他成员很远。开会时他常常是唯一一个远程参加会议的人，而其他人则都坐在一个音响效果很差的房间里。他觉得自己是二等公民，或者，用他的话说，是"某种被排斥的人"。房间里的人忘记了他的存在，经常一起进行激烈的讨论，他一点都听不清楚，更不用说参加了。

我的建议是建立一个"公平的赛场"，让所有人都能平等地获得信息。会议应该按每个人都是远程参加来设计的。每个人都可以使用自己的电话线，而不是使用一个中央免提电话，后者往往不善于接收每个人的讲话。否则，就需要把扬声器传给每位发言人，使迈克尔能够听到更好的音质。

"你的'日间会议'对我来说不是日间 —— 我这里已是深夜了"

和上面的迈克尔一样，克里斯托弗（Christopher）也不得不忍受会议，在那里他是唯一的远程参会人。他的情况更糟，他必须参加其他人在纽约的白天举行的会议，他在英国工作，这意味着他需要在下午2：00到晚上10：00之间打电话。这可不是对他宝贵时间的有效使用！

让人们8小时都耗在电话线上是没用的。相反，会议策划人应该明确会议的哪些环节需要克里斯托弗。遵循英国的工作时间，聚焦克里斯托弗涉及的领域，计划一个1小时的电话会议。

"虚拟团队会议之后，行动无法落地"

很多时候，虚拟团队会议有点像电影《土拨鼠之日》（*Groundhog Day*）。前一个会议的行动尚未完成，又要转到下一次会议。为了打破这种无效循环，你需要很清楚人们在会议提出的后续行动是什么。如果这些行动没有落实，就要提出挑战。此外，检查人们在会后落实行动的意向也同样重要，建立一些必要的后续跟进机制，促进后续行动的落地。

┃ 会议之外虚拟团队工作的问题

"在我们虚拟团队共享空间里找不到想要的文件"

虚拟团队协作工具和共享空间非常有用。与其让文件淹没在个人邮箱里而最终丢失，不如将文件存入团队共享空间，这样，团队中的每个人都可以随时访问最新版本的文件。这应该是团队达成的共识。不过，共享空间里常常是一团乱麻。每个人都以不同的方式在使用它，没人知道什么地方可以找到什么文件。

做好这几件事可以减少混乱情况发生。首先，预先统一如何使用这项工具的规则——你将用什么样的结构存储文件和信息。如何处理旧版本文件？如何处理你不需要长期保存的工作文件？确保有专人负责整理共享空间信息，保持空间的可访问与可使用。为你的团队成员提供培训，让每个人都知道如何有效地使用这些工具。

"我在努力工作，但人们一直在打扰我"

虚拟团队会议之外的时间是用来完成工作的，但经常是当人们看见你在线，他们就会通过即时信息或者电话呼叫你，向你提问或者提出请求。虽然一对一与团队成员进行沟通很重要，但一切都应有时间规划。当你需要集中精力工作时，请确保你使用的所有虚拟工具上都显示"勿扰"。选择几个常规时间段，这段时间你可以和你的团队进行交流，并且鼓励你的团队成员也这样做。

"一切似乎进展顺利，但风平浪静的下面却正酝酿着一场风暴"

我相信每位虚拟团队领导者都曾经有过这样的经历！一切看上去似乎进行得很顺利，你让人们知道需要做什么，而且据你所知，一切都在向前推进。唯一的迹象表明有些事情可能不对劲，因为人们在会议上相当安静。当你问一切是否进展顺利的时候，得到的回答可能是"很好"，或者"也许"，或者沉默。最后，你发现严重的冲突已经爆发，一些团队成员不会与其他人合作。

在同一地点的团队中，冲突更容易发现。愤怒的眼神、交叉的双臂，或者彼此回避，这些都是可以看到的。在虚拟团队中，这些信息大部分都是隐性的，所以要留意和注意是否存在冲突，这样你就可以尽早发现问题。

在你的团队形成初期谈论冲突是有帮助的。如果冲突发生，你将如何处理它？"凡事欲则立，不预则废。"做到有备无患吧。

虚拟团队中产生冲突的主要因素包括文化差异、语言差异和代际。在这里认知自己和你的虚拟团队同事是关键。（第7章里有更多内容。）

虚拟团队工作文化方面的问题

"如果我看不到你，我怎么知道你在工作？"

虚拟工作对于一些人来说是一个陌生的事物，特别是对年长的人来说。他们习惯于亲眼看到团队中的人在工作，并担心如果他们不能用眼睛监视进度,那这项工作就可能会出问题。

解决这个问题需要一些技巧,都是关于信任和领导力方面的。先尝试用一个小型项目来磨合一下虚拟工作团队,看看团队是否乐于承担风险,并且愿意相互配合。喜欢亲眼看到人们在工作的领导者可能喜欢以指挥和控制的方式进行领导,并且事无巨细地管理团队成员。但这对于虚拟工作团队来说不起作用。我建议领导者可使用更多以引导与协作为导向的领导风格,这对于虚拟团队工作而言会更加有效,通过赋予团队成员自主权来激励团队成员。

"我们究竟如何发展自己的虚拟团队领导力?"

这本书的前提是,虚拟团队领导力必须从个人开始。人们需要意识到他们自己和他们自己的领导风格及优劣势,这在第2章有详细的论述。下一步是要意识到如何与他人进行合作、发展技能、建立信任,并知道如何建立有效的虚拟团队,这在第3章有部分描述。科技提供了可使用的工具,使人们能够在实时会议中和远程同事一起工作,第4~6章分别讨论了这些问题。由于大多数虚拟团队基因中自带的多样性,我们必须认真地处理不同时区、文化、语言和代际差异等问题,这在第7章有详细描述。

因此,我建议你按照虚拟团队领导力模型(见图0-2),从核心开始,然后向外推展。想要了解更多关于本书内容的培训信息,可访问"引言"部分提到的本书资料库网站。

如果你有特殊问题而书中没有涉及怎么办?

在这种情况下,给我发邮件,我会很快收到你的来信,分享我的想法来解决你的问题,并拓展与其他虚拟团队领导者的讨论。

| 问题反思

(1)本章中的哪些问题对你产生了共鸣?

(2)通过阅读本章,你会做出哪些改变?

有关这些问题的阅读建议,请参阅前面章节结尾处的参考资料与延伸阅读。

第9章

发挥你的虚拟团队领导力

最后一章重点介绍了我领导虚拟团队工作的主要技巧，并分享了虚拟团队领导者在不同情况下的6个故事。他们通过高效和有效的方式让虚拟工作和虚拟团队获得最佳效果。他们现在的生活方式换成前几年是根本不可能的。我希望你能从这些故事中发现可取之处，他们会激励你成为最好的虚拟团队领导者。本章后面附有进一步的阅读建议。本章思维导图如图9-1所示。

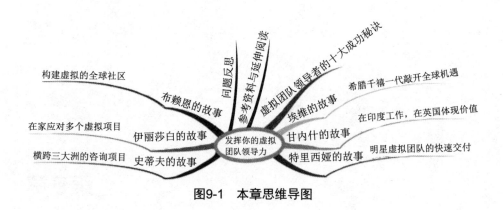

图9-1　本章思维导图

虚拟团队领导者的十大成功秘诀

虚拟团队工作是有趣的、很值得体验的工作方式，这让你可以接触到世界上最优秀的人。这是种前所未有的工作方式，当你努力在改变世界的同时，也享受着虚拟团队为你的生活所带来的改变。

帮助你的虚拟团队工作成功的十大成功秘诀如下。

（1）开发你的虚拟团队领导力，对团队交付质量会产生深远影响，虚拟团队工作和虚拟团队本质上是难于管理的。

（2）成为引导型的领导者。顺应虚拟团队工作的本质，给予团队最大限度的独立性和灵活性，防止你陷入无尽的指挥和控制，因为指挥和控制的领导方式在大多数虚拟工作环境中行不通。

（3）虚拟团队领导者首先要了解自己，包括自己的观点和偏好，然后再去理解他人，探索与团队如何高效合作。

（4）建立相互信任，信任是虚拟团队协作的基础。

（5）虚拟团队领导者尊重团队中的每位成员，理解他们对语言、文化和代际的看法。团队成员需要经常保持联系、沟通和反馈。

（6）技术是促进虚拟团队生产力的工具，领导者必须有效地使用，帮助团队成员，同步和异步使用这些工具。

（7）虚拟团队领导者要为虚拟会议做会议计划和准备，考虑参会者的需求，妥善运作，克服别人难以克服的陷阱。

（8）虚拟团队领导者需要让参会者集中注意力，使用适当的技术，并针对特定情况做好准备。

（9）事情有时可能会出问题，而且确实会出问题。虚拟团队领导者要监测正在发生的情况，注意冲突、士气低下或业绩不佳等问题的早期预警迹象。领导者要保持冷静，帮助团队成员渡过困境。

（10）虚拟团队领导者需要找到适当方法来解决复杂的跨时区、语言障碍及虚拟团队中成员们的文化和代际差异。

埃维的故事：希腊千禧一代敲开全球机遇

埃维·普罗科皮（Evi Prokopi）就是一个很好的例子，她在一个虚拟团队中工作，并靠虚拟团队的工作改变了自己的生活。她住在希腊，在我写本书的时候，希腊经济正处于持续低迷状态，很多人的生活都比较艰难，好的职位少之又少。现年32岁的埃维是千禧一代，在互联网技术的熏陶下成长起来。她利用虚拟团队工作，抓住了在自己国家没有的工作机会。埃维最初是一名翻译，能流利地说6种语言，后来发展成为项目管理顾问。她在希腊监督和评估澳大利亚学生学习项目管理文凭，并在雅典举办项目管理公开课。不过，她的主要职责是在世界各地寻找自由职业者，为美国某家大公司的虚拟团队从事项目工作，帮助管理这些项目直至完成。

对于埃维来说，什么是典型的一天？虽然她有3份工作，但她通常上午10：00左右开始工作，与她在EMEA（欧洲、中东和非洲）的客户联系。她使用云端免费软件来共享文档，并与来自世界各地的客户、自由职业者和学生会面。午餐后，她会持续工作到下午4：00，然后停止工作，享受下午剩余时光。埃维通常会在晚上再开始工作，工作约3小时，一般工作到晚上10：00或11：00。晚上与美国客户一起工作会特别有效率。

对埃维来说，掌握虚拟团队领导力，能够让她摆脱希腊缺乏工作机会的困境。埃维的工作相对独立，优秀的语言能力和舒适的虚拟团队工作环境，使她能与澳大利亚和美国的客户合作。只要有稳定的网络，她就可以工作。她喜欢虚拟团队的工作性质，可以拥有灵活的空闲时间，她可以享受整个下午的自由，早上可以赖床，然后晚上再工作。

埃维热衷于分享她的知识和技能。2016年我们在巴塞罗那准备在项目管理协会全球大会（PMI Global Congress）上举办虚拟项目团队工作坊时，我认识了她。

甘内什的故事：在印度工作，在英国体现价值

甘内什（Ganesh）任职于印度某家咨询公司，在钦奈（Chennai）和英国同事一起做项目，他的客户是英国某家银行。甘内什经常为客户的IT基础设施做升级工作，身为首席业务分析师，他需要与客户密切互动。甘内什曾经在英国与同事工作过一年，因此他与英国同事都见过面，对同事的文化和背景都有了解，并和同事建立了良好的人际关系。所有这些都支持甘内什有效地工作。那么甘内什典型的一天是什么样的呢？

上午，甘内什喜欢在家陪伴刚满一岁的宝贝儿子，他的妻子外出工作。他会选择上午会见亲朋好友。

下午1:00，甘内什的奶爸身份结束，他准备去上班。

下午1:30，甘内什走进钦奈的办公室，开始工作。现在是英国时间上午8:00，为了配合客户，甘内什调整了工作时间。他通过视频会议、共享屏幕/白板和即时通信服务与英国同事密切合作，人们清楚甘内什何时可以打电话，反之亦然。当然，电话和电子邮件都很有用，为了确保每个人都清楚项目进度，及时更新发生的事情，项目团队每

天都会开15分钟例会。甘内什告诉我，团队成员开玩笑说例会是"每日的祈祷"。

下午5：30当英国同事们去吃午饭的时候，甘内什也可以稍事休息，他尽可能地在白天为英国同事多做些工作。

晚上9：30—10：00甘内什完成一天的工作，匆匆赶回家。

我与甘内什交谈时，特别吃惊地发现，他为英国同事提供了如此多的服务，这让我印象深刻。他解释说，如果英国银行有一天假日，他也会计划自己的假期，和英国同事一样，在那天外出度假。事实证明，他调整工作时间，与英国同事工作时间尽量一致也有些额外的好处。他可以在整个上午和年幼的孩子待在一起，他的妻子可以外出工作。对许多人来说，倒班有个非常积极的好处，它大大缩短了通勤的时间。很多人会选择中午和晚上晚些时候通勤，这样可以避开道路最拥堵的高峰时段。在印度，能在繁忙的城市交通和拥堵的高速公路上节省时间很不容易，相比之下，伦敦看起来相对轻松！

特里西娅的故事：明星虚拟团队的快速交付

特里西娅（Tricia）是一位特许工程测量师和项目经理，她住在苏格兰。这是她的故事，她正在规划一个新的城镇中心，与许多专业人士合作，尽管他们没有分散在世界各地。

"我是一位特许工程测量师，为客户提供咨询服务。我在家工作，为一系列项目准备工程物料清单和承包商的管理工作，从建设学校体育场到防洪土木工程，项目类型各不相同。我从未与其他顾问面对面地见过，我通过虚拟技术，收集我所需要的信息。

这些工程项目的成功与否，取决于设计顾问们提供的信息是否准确和质量的高低。他们准备资料和解答问题的速度飞快，给我留下了深刻的印象。虚拟团队中没有人愿意掉队，成为拖延项目进度的原因！没有面对面的会议，他们仍达到了目标，并传递回我需要的正确信息。我们取消了设计进度会议，删除了纷繁的论坛讨论，人们通常在那里发表针对工作延误的解释。另一个优势是，没有一家公司会'拉帮结派'为自己寻求保护，就像通常会发生的那样。

与传统办公室相比，通过虚拟方式与不同职业的专业人士一起合作的好处是，大家总是就事论事，能够直接沟通、讨论、查询和修改在规划、设计、施工、变更或法律等方面所面临的各种挑战。按照我的理解，传统工作环境对产出和绩效都产生了负面影响，因为工作时间经常被他人占用，周围的干扰也会分散注意力。虚拟团队工作状态下，我能够集中注意力，专注于完成任务，工作效率提高了大约80%，这可是一个巨大的回报。

我目前的项目是建设一个新城市中心，其中包括零售商铺、五层豪华公寓、地下停车场、连接火车站的通道和新铁路的月台。我用了2周时间完成了这个看似艰巨的任务。我亲自监督，完成了所有的测量，这让开发人员和承包商都感到非常高兴，也让设计团队感到惊讶。作为特许工程测量师，我亲自制定战略、工作计划和时间目标，而专业能力和技术是核心。虚拟团队的每位成员都以成功为目标，不仅是整个开发团队的成功，最关键的是，我有能力解释所有信息，对我的所有决策和可交付成果都很有信心。

我知道，在缺失重要信息的情况下，身体会感到不适，我仿佛在混沌中度日如年，但实际上还不到1小时。我相信必须快速思考，果断和自信，才能在虚拟工作环境中达到最高标准。我认识的许多工程测量师说，他们不可能应付这种挑战，因为他们太习惯于在面对面的小组中工作。在那里，他们收到固定的工作包，工作包的质量由他们联络组长负责。就我个人而言，我很享受这段经历，我觉得可以开香槟进行庆祝，这多令人兴奋！"

对于这份特殊的工作，特里西娅选择构建了一支"星型"团队，她是中心负责人，其他专业人士只与她联络，以便高效地完成工作。在项目实施中，进度是最为关键的，通过这样的虚拟方式，特里西娅能够全身心专注于项目的工作，避免各种干扰，最终成功地完成任务，比平时更快地交付了项目。

▎史蒂夫的故事：横跨三大洲的咨询项目

史蒂夫（Steve）在芬兰工作，他来自英国，经营着一家软件公司，为软件开发人员提供开发工具。最近，他正为美国中西部的一个客户提供一个项目服务。美国团队由美国商界领袖马克（Mark）带领，与来自中国的技术负责人赵先生合作。他们的虚拟团队工作进行得很顺利。

史蒂夫认为，3个因素促成了此次项目的成功。

（1）这3个人以前曾一起工作过，在合同签署阶段，就有过相当多的个人接触。这确实对咨询阶段很有帮助，因为他们彼此相互了解。史蒂夫说："工作时，我们很清楚对方的意思，我们可以直言不讳，保证所做的事情是有效的。若有任何疑问，我们会建议再检查一下。"

（2）史蒂夫公司所提供的产品非常复杂和专业，因此，客户经常很难理解这些概念，即使他们坐在史蒂夫旁边，在纸上画无数图表也是如此。幸运的是，在这个项目中，中国的技术带头人赵先生非常迅速地掌握了这些技术概念，甚至是远程掌握了这些技术概念，他能跟上史蒂夫的节奏，这非常有帮助。

（3）因为这个项目，赵先生不得不搬到中国去工作和生活。正如你所想的那样，跨多时区工作导致大家的办公时间几乎没有重叠。最后，赵先生调整了工作时间，变得与马克的办公时间一致。

这三件事说明，本来可能是非常棘手的工作，最终进展顺利，并为史蒂夫的公司带来了更多的业务。不容置疑，良好的人际关系是这个项目成功的基础。

顺便说一句，由于政府的限制，出现了某些技术障碍。赵先生刚刚搬回中国时，无法接收谷歌的电子邮件，所以他不得不使用其他邮箱工作。起初，史蒂夫并不知道赵先生的谷歌邮箱无法登录，当联系建立起来，工作仍像往常一样继续正常推进。

伊丽莎白的故事：在家应对多个虚拟项目

伊丽莎白（Elizabeth）作为全球企业文案服务的公司董事，为全世界的企业提供商业文案服务。她同时参加多个虚拟团队，为客户项目提供服务。她描述了她的典型一天。如果没有虚拟团队工作，这些都是不可能的！

"今天是周五，我早上5：30醒来时，孩子们都醒了，我先在智能手机上查看电子邮件。我清楚不应该这样做，但我有点强迫症。这是虚拟工作的一个缺点。我总是处于'在线'状态。

7：00—8：30 早餐时间，全家起床，开始新的一天，我在家工作，所以我可以穿任何舒适的衣服。

8：30 打开电脑，泡杯茶。

9：00开始工作，我做好准备，迎接一天的工作。我知道有什么会议安排，什么工作需优先考虑。作为广告文案撰稿人，客户来自各行各业。今天，有位客户即将发布工作日历，我使用在线内容管理工具和日程表，查看客户为我分配了哪些工作。我们经常通过虚拟团队工作管理系统来讨论文案，尽管我们每月也有电话会议。完成工作后，我会通过系统上传我的作品。使用这样的系统进行工作，对于我们的团队来说很方便，因为客户遍布世界各地。截稿日期变化频繁，当我的任务发生变化时，我会收到电子邮件通知，而不必参加每天的员工会议。

中午12：00 午餐时间。

下午1：00 捧着一杯茶，回到办公室。打开邮箱查看邮件。为电话会议做准备。

　　下午1：30，与印度客户开网络会议，讨论即将举行的在线研讨会。我们共同努力，审查幻灯片、注册登记和讨论研讨会细节。

　　下午2：15，在我看来，虚拟团队会议比面对面会议更高效，因为很少聊天，注意力更集中。现在，我准备好继续工作，这意味着更多的写作项目，我需要查看电子邮件，并在社交媒体上互动。我的工作涉及在各种各样的渠道上活动，所以我使用了很多虚拟工具，让我更轻松地处理所有的事情。

　　下午3：30打电话。虽然是远程工作，但我每天要和很多人发即时消息、打电话或打网络电话。虚拟团队工作不会让我觉得孤单！我不仅要和客户一起工作，而且我自己也有虚拟团队。我通过电子邮件将工作委托给我的两位同事，并将其记录下来，以便稍后跟进。

　　下午4：45，我开始准备和孩子们共度晚上时光。虚拟工作对我的好处之一是我可以灵活地工作，有时间陪伴我的家人。我们一起玩、做晚餐、洗澡和睡觉。

　　晚上7：30，我会做不那么费脑力的工作，比如阅读文章、安排与读者分享文章、回复论坛帖子和简单的电子邮件，以及准备与文章配套的图片。最后，检查明天的优先事项是什么，并写一张便条放在厨房柜台上，以提醒我会议的时间和关键的最后期限。

　　晚上8：30，我的工作尽量不超过晚上8：30，但我还是会再查看一下电子邮件、社交频道和谷歌分析频道，然后关灯睡觉。"

布赖恩的故事：构建虚拟的全球社区

我采访了布赖恩（Brian），他任职于某英国金融服务公司，同时，还管理着一个专家社区。布赖恩与我分享了过去几年发生的一些变化。"10年前，我们都在小型的地方团队中工作。大多数同事都在同一层楼，或最多相隔10英里。随着组织合并和重组，很快，我们同事间的物理距离超过了200英里。作为经理，我需要每周去英国出差3天，和项目成员一起工作！最初，我们对虚拟团队工作的看法有一点消极。大家都希望专家团队成员能在一起，而不是间隔几十英里以外。为此，我们花了不少时间说服经理们。现在，我的团队成员都非常擅长使用虚拟技术和远程在线完成任务。"

回到今天，布赖恩现在有什么不同？几年前每周都要出差，可如今他发现，在过去的一年，很难想起有3次以上的商务旅行。目前，他的团队包括来自印度的两家网站合作伙伴、公司员工和承包商分散在英国各地。虚拟团队工作已经成为常态，他们对自己的工作性质、工作实践、工作流程和技术都有很好的了解，一切进展顺利。他们做得特别好的一件事情是，他们邀请了大部分印度同事来到英国共同工作一年之久，让他们了解公司、同事和文化。这让印度同事回到印度后，能够更有效地参与到虚拟团队工作中来。

布赖恩是如何让专家团队融入公司中的？几年前，当面对面工作还是常态时，专家们几乎没有团队意识，彼此间也几乎没有联系。现在，事情完全不同了。布赖恩确认专家们互相具有认同感，没有感到孤立，无论他们身处哪里。所有75名专家每个月都会开一次会，公开问题和分享答案。在会上，他们分享新闻、新认知、家务事，以及对工作标准和流程的改进。业务通信有助于让人们了解对方在做什么。通过这样的远程连接，布赖恩鼓励当地团队成员定期聚会，这样可以促进团队成员之间的相互了解，建立良好的人际关系。即使是几千英里外的印度专家，也会感受到自己是团队一分子。我觉得布赖恩做得特别好，不是吗？

问题反思

（1）哪一个小贴士最适合你？你将如何把这些技巧应用到虚拟团队领导中？

（2）分享的故事中，哪个故事最激励你？

（3）读完本章和这本书，你会做出什么改变吗？

延伸阅读

最后，我个人推荐一些书籍，以帮助你进一步提升虚拟团队领导力。请注意，文章是按字母顺序排列，而不是按推荐顺序排列。

[1] Carté, P and Fox, C（2008）*Bridging the Culture Gap:A practical guide to international business communication*, 2nd edn, Kogan Page, London.（这本书全面阐述了文化差异方面的问题，提供了如何跨越文化差异的解决方案。其中有一章专门讲述如何正确理解英语的表述，并列出了一个清单，帮助人们了解那些容易让人误解的英语

句子。）

[2] Caulat, G（2012）*Virtual Leadership:Learning to lead differently*, Libri Press, Faringdon, Oxfordshire.[这本书基于一个博士论文的研究。这个研究探索了虚拟团队工作的不同方面，并且提供了一个特别有说服力的案例，如何对远程虚拟团队实施参与式的领导（facilitative leadership）。]

[3] Codrington, G and Grant-Marshall, S（2011）*Mind the Gap:Own your past, know your generation, choose your future*, 2nd edn, Penguin, Johannesburg.（这本书对于不同年龄层的读者来说都非常易读。其内容包括工作、家庭、领导力及未来的方方面面。）

[4] Hall, K（2007）*Speed Lead:Faster, simpler ways to manage people, projects and teams in complex companies*, Nicholas Brealey Publishing, London.（这本书专注于如何在复杂的组织中加速领导力的形成。在这些组织中，经理们常常陷入沟通和过多团队工作的泥沼而无法自拔。）

[5] Harrin, E（2016）*Online Collaboration Tools for Project Managers*, PMI, Newton Square.（这是本书的第2版，作者是伊丽莎白·哈林。这是一本很实用的书，讲述了项目经理如何使用协作工具实现高效的异步工作。这对项目经理及那些需要协同工具支持的人来说非常有用。）

[6] Lipnack, J and Stamps, J（2010）*Leading Virtual Teams:Empower members, understand the technology, build team identity*, Harvard Business Press, Boston.（这是一本对于虚拟团队来说实用且简洁的口袋书。）

[7] Marshall, G (2015) How to Be Really Productive: *Achieving clarity and getting results in a world where work never ends,* Pearson, Harlow.（这本书就像其封面上说的一样——虚拟团队领导者如何工作得更富有成效。这本书通俗易懂，其内容涵盖了整个生活中的方方面面，而不仅仅是工作。）

[8] Settle-Murphy, N (2013) Leading Effective Virtual Teams: *Overcoming time and distance to achieve exceptional results*, CRC Press, Boca Raton.（这本书的作者南希·塞特尔-墨菲是我的好友，也是我的合作伙伴。这本书收集了很多的文章，帮助人们如何更好地领导一个虚拟团队。书中提供了很多清单和表格，为本书增色不少，而且书的版式非常新颖，为读者提供了独特的阅读体验。）

[9] Trompenaars, F (1993) Riding the Waves of Culture: *Understanding cultural diversity in business*, Nicholas Brealey, London.[这是特朗皮纳斯（Trompenaars）关于文化的原著，我在20世纪90年代遇到他后，就一直在使用这本书。这本书让我受益匪浅。]

项目管理精品图书

序号	书名	书号	定价
1	项目经理枕边书	978-7-5198-4849-1	45.00 元
2	跨国项目管理	978-7-5198-4735-7	78.00 元
3	创业项目管理	978-7-5198-4734-0	78.00 元
4	PMP®考试口袋书	978-7-5198-4139-3	78.00 元
5	工程咨询理论与实践研究系列丛书：工程总承包管理理论与实务	978-7-5198-4419-6	108.00 元
6	工程咨询理论与实践研究系列丛书：工程咨询企业项目管理办公室（PMO）理论与实践	978-7-5198-4418-9	88.00 元
7	项目管理方法论（第 3 版）	978-7-5198-4580-3	78.00 元
8	看四大名著学项目管理	978-7-5123-7958-9	48.00 元
9	观千剑而后识器：项目管理情景案例	978-7-5198-4546-9	58.00 元
10	大数据时代政府投资建设项目决策方法	978-7-5198-2535-5	58.00 元
11	高老师带你做模拟题：轻松通过 PMP®考试	978-7-5198-2649-9	68.00 元
12	PPP 项目绩效评价理论与案例	978-7-5198-2970-4	68.00 元
13	工程咨询理论与实践研究系列丛书：全过程工程咨询理论与实施指南	978-7-5198-2918-6	108.00 元
14	工程咨询理论与实践研究系列丛书：企业项目化管理理论与实践	978-7-5198-2936-0	98.00 元
15	工程咨询理论与实践研究系列丛书：工程咨询企业信息化管理实务	978-7-5198-2935-3	98.00 元
16	岗位管理与人岗匹配（第 2 版）	978-7-5198-2973-5	68.00 元

序号	书名	书号	定价
17	非经营性政府投资项目究责方法与机制	978-7-5198-2536-2	58.00 元
18	卓尔不群：成为王牌项目经理的 28 项软技能	978-7-5198-0871-6	48.00 元
19	汪博士析辨 PMP® 易混术语（第 2 版）	978-7-5198-3027-4	68.00 元
20	个人项目管理能力基准：项目管理、项目集群管理和项目组合管理（第 4 版）	978-7-5198-3141-7	78.00 元
21	工程咨询理论与实践研究系列丛书：政府和社会资本合作（PPP）项目绩效评价实施指南	978-7-5198-3301-5	88.00 元
22	不懂心理学怎么管项目	978-7-5198-3467-8	58.00 元
23	PMO 不败法则：100 个完美收工技巧	978-7-5198-3690-0	45.00 元
24	项目控制知识与实践指南	978-7-5198-3536-1	198.00 元
25	视线变远见——系统思考直击项目管理痛点	978-7-5198-3767-9	68.00 元
26	顺利通过 PMP® 考试全程指南（第 3 版）	978-7-5198-3697-9	98.00 元
27	谁说菜鸟不能成为项目经理	978-7-5198-3931-4	78.00 元
28	电子商务项目管理	978-7-5198-2688-8	68.00 元
29	涛似连山喷雪来——薛涛解析中国式环保 PPP	978-7-5198-2720-5	98.00 元
30	技法：提升绩效与改进过程	978-7-5198-2514-0	68.00 元
31	管法：从硬功夫到软实力	978-7-5198-2513-3	68.00 元
32	心法：顶级项目经理的修炼之路	978-7-5198-2506-5	68.00 元
33	区间型多属性群决策方法及应用	978-7-5198-2537-9	58.00 元

序号	书名	书号	定价
34	项目管理知识体系指南（PMBOK®指南）：建设工程分册	978-7-5198-2383-2	98.00 元
35	高效通过 PMI-ACP 考试（第 2 版）	978-7-5198-2099-2	68.00 元
36	论中国 PPP 发展生态环境	978-7-5198-2166-1	78.00 元
37	项目管理（第 10 版）	978-7-5198-2057-2	98.00 元
38	太极逻辑：项目治理中的中国智慧	978-7-5198-2061-9	58.00 元
39	项目治理风险的网络动力分析	978-7-5198-2055-8	68.00 元
40	电力监管：整体性治理的视角	978-7-5198-2021-3	98.00 元
41	PMP®备考指南（第 2 版）	978-7-5198-2109-8	68.00 元
42	政府和社会资本合作（PPP）参考指南（第 3 版）	978-7-5198-2045-9	88.00 元
43	项目管理办公室（PMO）实践指南	978-7-5198-2034-3	45.00 元
44	高效通过 PMP®考试（第 2 版）	978-7-5198-1859-3	98.00 元
45	高老师带你划重点：轻松通过 PMP®考试	978-7-5198-1860-9	69.00 元
46	工业项目建设与投运	978-7-5198-1736-7	88.00 元
47	依然惊奇：沃伦·本尼斯自传（珍藏版）	978-7-5198-0941-6	58.00 元
48	从关爱到挑战：领导力提升新路径（珍藏版）	978-7-5198-0936-2	68.00 元
49	让人信服：掌控领导力的九大支柱（珍藏版）	978-7-5198-0940-9	58.00 元
50	AMA 项目管理手册	978-7-5198-0482-4	128.00 元